BEPPE SEVERGNINI

ÜBERLEBEN
MIT
BERLUSCONI

BEPPE SEVERGNINI

ÜBERLEBEN
MIT
BERLUSCONI

**Aus dem Italienischen
von Bruno Genzler**

Karl Blessing Verlag

Originalverlag: Rizzoli, Mailand
Originaltitel: La pancia degli italiani –
Belusconi spiegato ai posteri

MIX
Papier aus verantwor-
tungsvollen Quellen
FSC
www.fsc.org   FSC® C014889

Verlagsgruppe Random House FSC-DEU-0100
Das für dieses Buch verwendete
FSC®-zertifizierte Papier *EOS*
liefert Salzer Papier, St. Pölten, Austria.

1. Auflage
Copyright der Übersetzung © 2011
by Karl Blessing Verlag, München,
in der Verlagsgruppe Random House GmbH
Copyright 2010 Beppe Severgnini.
Umschlaggestaltung: Hauptmann und Kompanie
Werbeagentur, Zürich
Layout und Herstellung: Gabriele Kutscha
Satz: Leingärtner, Nabburg
Druck und Einband: Pustet, Regensburg
Printed in Germany
ISBN 978-3-89667-446-3

www.blessing-verlag.de

Für Berlusconiwähler und -kritiker

Ich habe keine Angst vor Berlusconi an sich.
Ich habe Angst vor dem Berlusconi in mir.
Giorgio Gaber

Inhalt

Die zehn Faktoren

Italienern das Phänomen Berlusconi erklären zu wollen, wäre reine Zeitverschwendung. Jeder hat da seine feste Meinung, die sich in vielen Jahren wohlwollender Nachsicht oder heftiger Ablehnung herausgebildet und verfeinert hat, und von der wird er nicht mehr abgehen. Hier sieht sich jeder als Hüter der allein gültigen Deutung. Sinnlos, darüber diskutieren zu wollen.

Sinnvoll erscheint es hingegen, die Person Berlusconi der Nachwelt oder auch, warum nicht, dem Ausland zu erklären. Denn unsere Nachfahren, die heute noch gar nicht auf der Welt sind, werden sich später sicher einmal fragen, was damals in Italien passiert sein mag. Und Menschen in anderen Ländern verstehen nicht, was zurzeit bei uns vor sich geht, würden es aber vielleicht gern verstehen. Schließlich könnte ihnen einmal etwas Ähnliches blühen.

Wie ist es möglich, dass Berlusconi – hier im Weiteren nur noch kurz B. genannt – gewählt wurde (1994), wiedergewählt wurde (2001), noch einmal gewählt wurde (2008) und auch nach der jüngsten Krise und dem

»Rubygate«-Skandal durchaus noch Chancen hat, die nächsten Parlamentswahlen zu gewinnen? Was ist das Geheimnis seiner politischen Langlebigkeit? Warum hat ihn die Mehrheit der Italiener so viele Jahre unterstützt oder auch nur ertragen? Sieht sie, diese Mehrheit, nicht seinen Machthunger, seine Schwächen, seine Methoden? Antwort: Natürlich sieht sie die, und das sehr deutlich. Dass B. seit nunmehr fast zwanzig Jahren das öffentliche Leben Italiens dominiert, hat nämlich seinen Grund. Oder genauer gesagt, zehn Gründe.

1. DER FAKTOR MENSCH

Wie denkt die Mehrheit der Italiener? »Er ist uns ähnlich, er ist einer von uns.« Und wer nicht so denkt, befürchtet, dass es so sein könnte. B. liebt seine Kinder, erzählt von seiner Mutter, hat Ahnung vom Fußball, versteht es, Geld zu machen, schätzt schöne neue Häuser, verabscheut Regeln, erzählt Witze, flucht, schwärmt für Frauen, Feste und fröhliche Gesellschaften. Er verfügt über ein gutes Gedächtnis, hat aber auch Talent für taktischen Gedächtnisschwund. Er ist weit gekommen, mal über die Autobahn, mal über Schleichwege. Er ist ein Nonkonformist, der sich der Bedeutung von Konformismus bewusst ist. Am Morgen lobt er die Kirche, am Nachmittag die Werte der Familie, und am Abend lädt er sich junge Mädchen ein.

B. ist ein Mann, der sein Publikum fasziniert und es schafft, dass man ihm viel verzeiht. Viele Italiener stören sich nicht an seinen Interessenkonflikten (wer hätte die nicht?), an seinen Problemen mit der Justiz (die

Richter sind auch nicht besser als die Angeklagten) oder seinen unpassenden Witzen (er ist so herrlich spontan!). Und was ist mit all den nicht eingelösten Versprechungen, den Halbwahrheiten, der Vermischung von öffentlichem Amt und Privatangelegenheiten? Die einen empören sich darüber, die anderen zucken mit den Achseln. Und offensichtlich überwiegen Letztere.

2. DER FAKTOR GOTT

B. hat verstanden, dass viele Italiener kirchlichen Positionen zustimmen, um ihr schlechtes Gewissen zu besänftigen, weil sie sonntags nicht in die Kirche gehen und regelmäßig sieben der zehn Gebote vergessen. Dass Worte und Taten zusammenpassen, ist keine Tugend, die wir Italiener von unseren Spitzenpolitikern einfordern. Die private Empörung über öffentlich gewordene Scheinheiligkeit ist in vielen Demokratien das Motiv für die Wahlentscheidung. Nicht so in Italien. B. hat verstanden, mit wem er es zu tun hat: mit einer Nation, die sich keinen Illusionen hingibt, um sich Enttäuschungen zu ersparen.

Im Vatikan – nicht in den einzelnen Pfarreien – gibt man sich mit einer kirchenfreundlichen Politik zufrieden und sorgt sich nicht wegen schlechter Vorbilder. Kirchliche Bewegungen wie die katholische *Comunione e Liberazione* (Gemeinschaft und Befreiung) konzentrieren sich lieber auf die Ziele – die in der Zukunft liegen und daher wandelbar und verhandelbar sind – und nicht auf die Mittel, derer sich Freunde und Verbündete bedienen. Diese eschatologische Einstellung ist wie Musik in B.s Ohren. Denn damit wird die Betrachtung von den fragwürdigen Verhaltensweisen auf die erklärten Absichten verlagert.

3. DER ROBINSON-FAKTOR

Jeder Italiener lebt in dem Gefühl, allein gegen die ganze Welt zu stehen. Oder wenn nicht gleich gegen die ganze Welt, dann zumindest gegen die Nachbarn. Die Selbsterhaltung der eigenen Person oder der Familie, das gesellschaftliche und wirtschaftliche Überleben sind eine Quelle von Stolz und ein Beweis individueller Erfindungsgabe. Viel ist schon geschrieben worden über den Individualismus der Italiener: woraus er sich speist, was er vermag und wohin er führt. Das war B.s Ausgangspunkt: Zunächst hat er ein Vermögen aufgebaut und sich dabei als ein Mann gezeigt, der es aus eigener Kraft nach oben schafft. Seine zweite Karriere gründet sich auf dem Misstrauen, das Italiener gegenüber gesellschaftlichen Einrichtungen empfinden, auf der Abneigung gegen Regulierungen und Verordnungen, auf der inneren Befriedigung, die sie genießen, wenn es ihnen gelungen ist, persönliche Lösungen für allgemeine Probleme zu finden. In Italien fordert man nicht – gemeinsam und mit Nachdruck – ein neues, gerechteres Steuersystem. Man zieht es vor, das bestehende zu umgehen.

Wir alle, jeder Italiener, fühlen uns wie Robinson Crusoe oder wie Schiffbrüchige auf einer überfüllten Insel.

4. DER TRUMAN-FAKTOR

Wie viele Zeitungen werden täglich in Italien verkauft, die Sportzeitungen einmal ausgenommen? Fünf Millionen. Wie viele Italiener betreten regelmäßig einen Buchladen? Fünf Millionen. Wie viele besuchen informative Websites im Internet? Fünf Millionen. Wie viele schauen die Nachrichtensendungen der Nicht-Berlusconi-Sender Sky und La 7? Fünf Millionen. Wie viele verfolgen nach der Primetime die Hintergrundberichte zu aktuellen Ereignissen? Fünf Millionen Italiener, gleich welcher politischen Präferenz.

Der Verdacht liegt nahe, dass es immer die gleichen sind. Nennen wir ihn mal den »Five-Million-Club«. Hat der Einfluss? Ganz gewiss, aber wahlentscheidend ist er nicht. Das Fernsehen -- insgesamt und nicht nur die Nachrichtensendungen – ist nach wie vor von grundlegender Bedeutung wegen der Persönlichkeiten, die es aufbaut, der Botschaften, die es transportiert, der Beeinflussungen, die ihm gelingen, der Dinge, die gesagt, vor allem aber jener, die verschwiegen werden. Und wer besitzt das frei empfangbare Privatfernsehen und übt die Kontrolle über das öffentlich-rechtliche Fernsehen in Italien aus?

Es ist wie in der *Truman Show*, dem filmischen Meisterwerk von Peter Weir: Da denkt jemand für uns.

5. DER HOOVER-FAKTOR

Die Firma Hoover, 1908 in New Berlin gegründet, heute in Canton, Ohio (USA) ansässig, ist die Staubsauger-

marke schlechthin, ein Name, der zum Begriff geworden ist, denn im Englischen heißt »staubsaugen« *to
hoover.* Ihre Vertreter, die *door-to-door-salesmen,* wurden
zur Legende: beharrliche, fachkundige Männer, ge-
schickte Psychologen, unerbittliche Streiter für das Produkt, das sie vertraten.

B. verfügt über das Talent, andere für sich einzuneh-
men, das er auf seinen früheren Berufsfeldern – Bauwe-
sen, Werbung, Fernsehen – verfeinert und auf die Politik übertragen hat. Er weiß, dass eine Botschaft einfach
sein muss, schmeichelnd, tröstlich. Er hat gelernt, dass
es sich auszahlt, wenn man sie oft wiederholt. Und er ist
sich bewusst, wie wichtig in einem von der Ästhetik be-
sessenen Land immer noch das äußere Erscheinungs-
bild ist. Eine gute Figur machen oder sich anständig
verhalten? Das ist für einen Italiener keine Frage, über
die er lange grübeln müsste.

6. DER ZELIG-FAKTOR

Auf die Fähigkeit, sich in den Gesprächspartner hinein-
zuversetzen, kann kein Politiker verzichten. Die Gabe,
sich sogar in ihn zu verwandeln, ist schon seltener anzutreffen. Aus dem Wunsch heraus, gut anzukommen, hat
B. Techniken entwickelt, die eines Zelig würdig wären,
wie Woody Allen in dem gleichnamigem Film sein
menschliches Chamäleon nennt. Familienvater bei den
Kindern (und zwei Ehefrauen, solange es hielt). Casa-
nova bei Frauen. Jung unter Jugendlichen. Weise unter
Senioren. Nachtmensch unter Nachtschwärmern. Ar-
beitsmann unter Arbeitern. Geschäftsmann unter Un-

ternehmern. Fan unter Fußballfans. Milan-Anhänger beim AC-Mailand. Mailänder unter Mailändern. Lombarde unter Lombarden. Italiener unter Süditalienern. Neapolitaner unter Neapolitanern (mit Gesangseinlage). Würde er ein Basketballspiel besuchen, könnte es sein, dass er die Halle größer verlässt, als er sie betreten hat.

7. DER HAREM-FAKTOR

Seine Leidenschaft für das andere Geschlecht, die in seinem Mailänder Unternehmen und später im politischen Betrieb der Hauptstadt wohlbekannt war, geriet 2009 ins Blickfeld der Öffentlichkeit. Der Grund war seine Teilnahme an der Geburtstagsfeier der achtzehnjährigen Noemi Letizia, aber auch die Augenzeugenberichte über die Partys in seinen Residenzen Villa Certosa auf Sardinien und Palazzo Grazioli in Rom erregten Aufsehen. Zunächst stritt B. alles ab, deutete dann etwas an (»Ob ich treu bin? Ja, häufig«) und akzeptierte schließlich seinen Ruf (»Ja, ich bin kein Heiliger«). Diese Enthüllungen haben ihm politisch nicht geschadet: Zwar hat er seine Ehefrau verloren, Wählerstimmen aber nicht. Viele Italiener halten von Selbst-Nachsicht mehr als von Selbst-Disziplin und machen keinen Hehl daraus, dass B. im Grunde doch nur das getan hat, wovon sie selbst träumen. Die Sache hat aber noch einen anderen Aspekt. Dass Jugend ansteckend ist, wusste man schon in der griechischen Antike (wo die jungen Gespielinnen und Gespielen jedoch auch von den frivolen Festivitäten profitierten und etwas lernten). Ein sechzigjähriger Mitarbeiter, ein treuer Gefolgsmann seit der ersten Stunde, beschreibt B.s Ungeduld während langer Sitzungen: »Ist doch klar, er fürchtet, sich an unserem Alter anzustecken.«

8. DER MEDICI-FAKTOR

Die Herrschaftsform der Signoria ist zusammen mit der spätmittelalterlichen Kommune die einzige politische Schöpfung, deren Urheberschaft Italien für sich beanspruchen kann. Alle anderen Regierungsformen – vom Feudalismus bis zur Monarchie, vom Totalitarismus über den Föderalismus bis zur parlamentarischen Demokratie – wurden importiert (aus Frankreich, England, Deutschland, Spanien und den Vereinigten Staaten). In Italien wirkten sie immer leicht künstlich. Man denke an die tollpatschige Steifheit des Faschismus oder die Mutlosigkeit des italienischen Parlaments heute. Bei der Signoria hingegen werden Mechanismen, die uns im Blut liegen, geweckt.

Die Haltung vieler Italiener heute gegenüber B. erinnert an die unserer Vorfahren gegenüber dem mächtigen Stadtherrn, dem Signore: Wir wissen, dass er an den eigenen Ruhm denkt, an die eigene Familie und die eigenen Interessen, aber wir hoffen, dass er auch uns dabei nicht vergisst. »Sich in dem komplizierten Machtgefüge oben zu halten«, schreibt Giuseppe Prezzolini, »lehrte die Signori, vortreffliche Menschenkenner zu werden.« Von Cosimo de' Medici, dem Begründer der Florentiner Dynastie, weiß man, dass er misstrauisch und in der Lage war, den Charakter eines fremden Menschen auf einen Blick zu erkennen. Auch B. gilt als hervorragender Kenner der Menschen, die mit ihm zu tun haben und von denen er verlangt, ihn zu bewundern und nicht zu kritisieren, ihn zu umschmeicheln und nicht zu verraten, ihn zu lieben und nicht zu verurteilen.

9. DER T.I.N.A.-FAKTOR

T.I.N.A., *There Is No Alternative*. Das von Margaret Thatcher geprägte Kürzel spiegelt das Dilemma zahlreicher Wähler wider. Die Mitte-Links-Alternative zu Berlusconi hat sich als wenig attraktiv entpuppt: zerstrittene Koalitionen, vage Versprechungen, Heucheleien. Die kommunistische Abstammung der größten Oppositionspartei *Partito Democratico* lässt sich nicht bestreiten, und B. ist jede Gelegenheit recht, darauf herumzureiten. Das zweifache, seltsam symmetrische Scheitern Romano Prodis – 1996 und 2006 gewählt, 1998 und 2008 abgesägt – mag seinen ästhetischen Reiz haben, hat sich jedoch als schweres Erbe erwiesen.

Die Italiener sind Realisten. Bevor sie sich für das entscheiden, was sie für richtig halten, nehmen sie doch lieber, was ihnen nützlich erscheint. Eine Reihe von B.s Vorhaben gefallen den Leuten (oder zumindest missfallen sie weniger als die Alternativen von der Gegenseite): Abschaffung der Immobiliensteuer ICI auf die Erstwohnung, härteres Vorgehen gegen illegale Einwanderung, Kampf gegen die organisierte Kriminalität, Reform der Straßenverkehrsordnung. Erweisen sich solche Maßnahmen als erfolgreich, wird man durch zahlreiche Medien immer wieder daran erinnert. Entpuppen sie sich als Fehlschlag, sind genug Leute dazu da, genau dies vergessen zu lassen.

Aber das ist es nicht allein: Das lange Zeit einträchtige Mitte-Rechts-Lager strahlte Sicherheit aus, zumindest in dem Maße, wie die uneinige Mitte-Links-Opposition die Leute verärgert. Wenn sich ein politisches Bündnis nur zusammenhalten lässt, indem man es besitzt, hat B. früh schon den Preis kalkuliert (finanziell, politisch, nervlich), den er dafür zu zahlen hat. Ohne ihn zu kennen, ist er dem Rat des früheren amerikanischen Präsidenten Lyndon B. Johnson gefolgt, der, im Gespräch über den FBI-Direktor J. Edgar Hoover, mit der freimütigen Erklärung herausplatzte: »*It's probably better to have him inside the tent pissing out, than outside the tent pissing in*« – es ist wahrscheinlich besser, dass er mit im Zelt ist und nach draußen pinkelt, als dass er draußen steht und hineinpinkelt. So erklären sich auch die Verachtung für Gianfranco Fini und sein Ausschluss aus der Partei *Popolo della Libertà* (Volk der Freiheit), die dieser selbst mit gegründet hatte. Im Sommer 2010 hat es der Verbündete nach sechzehn Jahren tatsächlich gewagt, das Zelt zu verlassen: Und es ist noch nicht ganz klar, welche Absichten dahinterstecken.

10. Der Palio-Faktor

Der Palio von Siena ist die Attraktion der Stadt. Dieses Pferderennen zu gewinnen, löst bei der siegreichen *contrada* (Stadtviertel) eine ungeheure Freude aus. Genauso groß ist allerdings auch eine andere Freude, und

zwar die über eine Niederlage des traditionellen Riva-
len. Nach diesem Prinzip funktioniert vieles in Italien:
zwischen Städten und Regionen, in der Kultur, der
Wirtschaft, in der Verwaltung und natürlich im Sport
(die Fans von Lazio Rom bejubeln eine Niederlage gegen Inter Mailand, wenn dadurch der verhasste Rivale
AS Rom um die Meisterschaft gebracht wird). Die Politik bildet da keine Ausnahme: Und so ist das »Stam-
mesbewusstsein« auch hier keine Taktik, sondern ein
Instinkt. Um die als unzuverlässig geltende Linke von
der Macht fernzuhalten, hätten viele Italiener sogar den
Teufel gewählt. Und B. kann teuflisch sein. Allerdings
seien wir ehrlich, der Teufel hat mehr Stil.

Schauen wir uns mal der Reihe nach und in aller Ruhe
die zehn Faktoren der politischen Langlebigkeit von
B. an.

1

Der Faktor Mensch

Er hat den Mädchen Videos gezeigt. Sexfilme? Aber nein, es waren Ausschnitte aus Nachrichtensendungen: Der Hausherr auf einem Spaziergang mit George W. Bush in Camp David. Drei junge Frauen vor einem Bildschirm, aufmerksam wie in der Schule, bevor sie abgefragt werden. Zwei von ihnen haben irgendwann gebeten, zur Toilette gehen zu dürfen. Dort haben sie sich mit einem Fön die Haare gerichtet und ein paar Erinnerungsfotos vor dem Spiegel geschossen.[1] Wer hätte auch anderes im Sinn haben können?

Der Palazzo Grazioli, B.s Wohnsitz in Rom, ist ein verführerischer Ort, der viel erlebt und verschiedenste Hausherren gesehen hat: Jesuiten und Prinzessinnen, Botschafter und Architekten, Barone und *commendatori*. Wer von ihnen hätte sich vorstellen können, dass ein Bewohner der Beletage (eingerichtet von Giorgio Pes, unter anderem Drehbuchschreiber für Luchino Visconti) einmal eine solche *Filmvorführung* veranstalten würde. Nicht für Berater, Minister und Industrielle. Nein, für drei junge Frauen, die durch die Umstände und den

Rang des Gastgebers gezwungen sind, voller Bewunderung zu sein. Ein Exhibitionismus, der so ungeschützt daherkommt, dass er schon nachsichtig werden lässt.

Warum dieser Einstieg? Weil die Episode klarmacht, auf welche Weise B. seit vielen Jahren die Italiener verführt: indem er sie nachmacht. Nicht alle, aber viele, genügend, um sich mithilfe eines vorteilhaften Wahlrechts die Mehrheit im Parlament zu sichern. Im Palazzo Grazioli in der Via Plebiscito – ein Name, hinter dem sich ein Traum verbirgt – sucht der Hausherr, zumindest während des ersten Teils des Abends, Beifall und Bestätigung. Nicht nur Videos zeigt er, sondern auch Fotos von seinen Villen. Erst danach bittet er die Auserwählte, in »Putins Bett« auf ihn zu warten: eine erotische Phantasie mit Souvenir, mit einer Trophäe in einer Trophäe, für ein Publikum, das hier ausgeschlossen sein sollte. Der rabiate Überschwang eines Mannes, der sich, wie so viele andere auch, zu altern weigert. Aber im Gegensatz zu fast allen anderen glaubt er tatsächlich, es auch schaffen zu können.

B. ist die aktualisierte Autobiografie der Nation[2], und bekanntermaßen sind Auslassungen und eine nachsichtige Haltung gegenüber dem eigenen Tun für Autobiografien kennzeichnend. Vielen Millionen Italienern sind sie egal, B.s Interessenkonflikte (wer hätte die nicht selbst?), seine nicht eingehaltenen Versprechen (wer gäbe die nicht?), die zum eigenen Vorteil verfassten Gesetze (allerhand, dass der das kann!), seine Probleme mit der Justiz (das könnte uns morgen auch passieren). Und was ist mit den Halbwahrheiten, den Fragen ohne

Antworten? Das englische *accountability* (etwa: Verantwortlichkeit) ins Italienische zu übersetzen, ist schwierig. Das italienische *simpatia* im Englischen exakt wiederzugeben, ist sogar unmöglich.

Und Sympathien gewinnt man auch, wenn man sich – sei es aus Berechnung, aus Zufall oder durch einen Lapsus – auf das Niveau der desinteressiertesten Wähler hinabbegibt. Das ist leicht passiert. Im Mai 2010 erklärte B. im Verlauf einer Pressekonferenz in der römischen Villa Madama: »Wir verfügen über zahlreiche neue Technologien. Ich erwähne nur den Einsatz von Gogol und anderer Hilfsmittel im Bereich des Internets ...«[3] Gogol? Nikolai Wassiljewitsch Gogol? Der russische Schriftsteller? Nein, wahrscheinlich doch eher Google, *gugel* ausgesprochen, die Internetsuchmaschine. Aber vom Internet hat B. keine Ahnung. Im Jahr 2009 fragte er den Vorsitzenden eines bedeutenden Unternehmens dieser Branche: »Entschuldigung, aber haben Sie verstanden, wozu das gut sein soll?«[4] Ein Beweis, dass B. seinen Aufgaben nicht gewachsen ist? Anderswo vielleicht. Bei uns nicht. In Italien gibt es breite Wählerschichten, die nicht surfen, aber ihre Stimme abgeben. Und die freuen sich, wenn sie nicht allein sind.

Ähnlich ist es mit B.s Taktlosigkeiten bei öffentlichen Auftritten, in Italien und im Ausland: Es ist nicht gesagt, dass sie ihm schaden.

So hat es B. in den letzten acht Jahren geschafft,

– bei einem offiziellen Fototermin einem Amtskollegen die Hörner zu zeigen (2002)[5a]

25

- dem deutschen Europaparlamentarier Martin Schulz (SPD) zu bescheinigen, er würde für »die Rolle des Aufsehers« in einem »Film über ein Konzentrationslager« passen (2003)[5b]

- sich mit einer Bandana auf dem Kopf neben Tony Blair fotografieren zu lassen (2004)[5c]

- in einer Wahlveranstaltung den Mittelfinger zu zeigen (2005)[5d]

- zu erzählen, er habe bei der finnischen Präsidentin Tarja Halonen »seine Gaben als Playboy wiederauffrischen« müssen (2005)[5e]

- zu behaupten, die chinesischen Maoisten hätten »Kinder gekocht, um die Felder zu düngen« (2006)[5f]

- dem Präsidenten Brasiliens, Luiz Inácio Lula, die brasilianischen Fußballer des AC Mailand wie Sammelbildchen vorzustellen (2008)[5g]

- mit der deutschen Kanzlerin Angela Merkel Verstecken zu spielen und »Kuckuck« zu rufen (2008)[5h]

- Angela Merkel auf dem roten Teppich warten zu lassen und derweilen zu telefonieren (2009)[5i]

- beim Gruppenfoto laut nach Präsident Obama zu rufen und so die britische Königin Elisabeth II. zu verärgern (2009)[5j]

– zu behaupten, er habe den amerikanischen und den russischen Präsidenten »angewiesen«, ein Abkommen über die Reduzierung von Atomwaffen zu unterzeichnen (2010)[5k].

Die ausländische Presse lacht[6], im Internet macht man sich häufig lustig[7], aber ein großer Teil der öffentlichen Meinung in Italien lächelt. Menschlich, allzu menschlich.

Eine Erfolgsgeschichte, die schon zu lange währt, um Zufall zu sein. Eine Vorbildfunktion oder das Ansehen seines Amtes spielen da keine Rolle, was zählt, ist die Komplizenschaft, die B. signalisiert: Ich bin wie ihr, stets verführbar und anfällig, leicht entflammbar und ungeduldig, jederzeit bereit, eigene Schwächen zuzugeben und euch eure Schwächen zu verzeihen, wobei jedoch die Schuld immer bei anderen liegt. Wenn keine negativen Folgen zu befürchten sind, kann er sogar schon mal eine Schuld eingestehen.

Kurz vor dem *Giorno della Memoria*, dem Gedenktag für die Opfer des Nationalsozialismus am 27. Januar, einen Hitlerwitz zu erzählen, ist – milde ausgedrückt – ungehörig (und auch die anderen beiden öffentlich zum Besten gegebenen Witze über Hitler und die »knickrigen Juden« zeugen von schlechtem Geschmack).[8] Ist B. also ein Antisemit? Nicht im Traum! Barack Obama als »jung, gut aussehend und schön braun«[9] zu bezeichnen, ist schon bizarr, in manchen Augen sogar beleidigend. B. ein Rassist? Ich denke nicht. Nur ist er in dem einen wie dem anderen Fall ein Opfer seiner Gefallsucht, die den Menschen im Allgemeinen und uns Italiener im Besonderen dazu verleitet, ins Fettnäpfchen zu treten.

Als Reaktion auf solche Eskapaden versucht man auf der linken Seite, den Gegner als unverantwortlich bloßzustellen; auf der rechten müht man sich, die Sache zu drehen und B. als Opfer boshafter Meinungsmache anderer auszugeben. Aber B. ist weder das eine noch das andere.

B.s Spontaneität ist geplant. Mit einem schwindelerregenden Selbstwertgefühl gesegnet, wahrscheinlich die Folge früherer Unsicherheiten, ist er tatsächlich so dreist, wie er auftritt. Da ist nichts gespielt. Instinktiv begreift er, dass die Kritik aus dem Ausland und die Empörung einiger peinlich berührter Italiener seine Popularität bei den einfachen Leuten nur noch steigern, bei jenen Bürgern also, die früher links gewählt haben und sich heute für ihn entscheiden.

Nachdem B. – vor den niedergeschlagenen Augen seiner Berater und den von Zuneigung erfüllten Blicken seiner Bewunderer – das gesagt hat, was ihm gerade auf der Zunge lag, hält er inne und überschlägt, was ihm die Äußerung politisch gebracht hat. Das sind Kneipenwitze? Mag sein, aber in den Kneipen und Bars, und nicht in Akademien, werden Wahlen gewonnen. Nur Massimo D'Alema von der *Partito Democratico* sperrt sich, das zu verstehen.

B. ist der sprechende Bauch unseres Landes, und ein bauchredender Regierungschef kann sich viel erlauben.

Am 24. September 2003 verblüffte er die Wall Street durch seine Erläuterung, warum es vorteilhaft sei, Kapital nach Italien zu exportieren: »Wir haben auch wunderschöne Sekretärinnen, wirklich traumhafte Mädchen. Investieren Sie doch bei uns, dann ist Ihnen zumindest das Vergnügen sicher.«[10] Ist er sich bewusst, dass er sich in den USA befindet, wo ein Kompliment schnell zu einer Anzeige führen kann? Vielleicht. Doch die Sorge, seinen Mitmenschen zu nahe zu treten, ist weniger stark als der Wunsch, sie zu verblüffen.

Die hübsche Sekretärin, Belohnung für den beruflichen Aufstieg und Entschädigung für die Monotonie im Büro, war Thema Dutzender italienischer Filme und Komödien und geistert immer noch durch Werbung, Träume und Witze. Bei Männern weckt sie einen Gedanken, der lieber nicht ausgesprochen wird, sich jedoch hartnäckig hält. Er steckt in einem Augenzwinkern, deutet sich in einer Bemerkung an, flüchtet sich zur Mittagspause in die Kantine, wo die Kollegen ihre Phantasien austauschen und sofort den Blick senken, wenn sich das Objekt der Begierde lächelnd dem Tisch nähert. B. weiß das alles.

Am 12. Februar 2010 traf der italienische Ministerpräsident in Rom den albanischen Amtskollegen Sali Berisha. »Ich will nicht noch mehr Tote in der Straße von Otranto, ich will keine kriminellen Bewegungen Richtung Italien«, erklärte der Gast vor Journalisten. »Nun, für hübsche Mädchen sind wir auch zu Ausnahmen bereit ...«, warf der Gastgeber munter ein.[11] Die »kriminellen Bewegungen Richtung Italien« in einem Atemzug zu nennen mit albanischen »hübschen Mädchen«, die häufig Opfer solcher kriminellen Machenschaften werden, erscheint unverantwortlich. Doch B. hat mit diesem Satz Millionen von Italienern freigesprochen, die zwischen Versuchung und Mitleid hin und her gerissen sind, wenn sie vom Auto aus eine junge Frau aus Osteuropa am Straßenrand stehen sehen.

B.s Stärke ist nicht sein Reichtum, sondern wie er diesen Reichtum zur Schau stellt. Wenn Reichtum Neid hervorruft, so erzeugt dessen Präsentation Neugier, und Neugier unterhält. So lassen sich auch die Erfolge von Monarchien und die Popularität von Hollywoodstars erklären. B. nun versorgt die Öffentlichkeit mit einer ganz eigenen Version dieses Phänomens: mit einem Schauspiel, das täglich aufgeführt wird und immer für eine Überraschung gut ist.

Seine verschiedenen Residenzen mit ihren prachtvollen Einrichtungen, den exotischen Gärten, den Unterhaltungsprogrammen für die Gäste, die auch Vulkanausbrüche per Fernbedienung und Nymphen im Bad umfassen, all das wird dem Publikum vorgeführt. Die Villa Certosa in Porto Rotondo auf Sardinien, die ständig vergrößert, renoviert, neu eingerichtet wurde, ist das erotische Traumhaus jedes Neureichen. Wenn Nachbarn wie Giampaolo Tarantini aus Bari, um nur einen zu nennen, als Gastgeschenke nicht nur ein Lächeln und ein Dessert, sondern auch die attraktive Abendunterhaltung mitbringen, nun, was soll's? Das hat die Öffentlichkeit schnell wieder vergessen. Was sie aber nicht vergisst, ist der Prunk, mit dem ihr Regierungschef sich umgibt. Und heimlich beneidet sie ihn.

B. weiß das und verhält sich entsprechend. »Die Linken fordern mich immer wieder auf: ›Berlusconi, geh nach Hause!‹ Das ist mir richtig unangenehm und bringt mich in Verlegenheit.« (Pause) »Denn da ich zwanzig Häuser habe, weiß ich nicht, in welches ich gehen soll ...«[12] Der Witz ist nicht schlecht, aber in welcher anderen Demokratie könnte sich der Regierungschef eine solche Bemerkung erlauben?

Die Bestrebungen der Menschen, die einen wählen oder einen wählen könnten, zu kennen und ihre Wünsche zu hätscheln, auch wenn sie egoistisch sind, ist zwar keine weitsichtige Politik, aber es zahlt sich aus. Und selbst wenn man von einer Villa Certosa oder einem Palazzo Grazioli bloß träumen kann, wird ein Reihenhäuschen vielleicht doch drin sein. Das Wohnungsbauprogramm (*Piano Casa*) der Regierung schien in seiner ursprünglichen Form[13] eine Einladung zur offenen Anarchie auf dem Bausektor zu sein. Dabei ist es eine schlaue Idee in einer Nation fresssüchtiger Bauherren – das zentrale Liegenschaftsamt *Agenzia del Territorio* hat durch Luftaufnahmen 2 077 048 nicht im Kataster registrierte Bauten ausgemacht.[14]

Verzehren wir Italien in kleinen Bissen? Eine Leserin meines Forums *Italians* auf Corriere.it sieht das anders. Sie schreibt:

Ich lebe in Modena, einer für alte Leute maßgeschneiderten Stadt, in einer vierzig Quadratmeter großen Wohnung und würde alles tun für ein Häuschen mit Garten und Hund, und dabei sind mir die bäuerlichen Wurzeln völlig egal! (...) Meinetwegen können sie gerne kommen, die vielen neuen, modernen und bezahlbaren Immobilien. Machen Sie sich keine Gedanken, wir, die Dreißigjährigen, werden diese Häuser kaufen. Und den Leuten Ihrer

*Generation lassen wir die kleinen Villen, in denen Ihr
jetzt lebt und die Ihr euch unter den Nagel gerissen habt,
als Ihr so jung wart wie wir jetzt. Also steckt andere in
diese Schachteln. Den heute Dreißigjährigen habt Ihr nur
befristete Arbeitsverhältnisse und baufällige Löcher zur
Miete vermacht. Nein, vielen Dank.*

Es ist nicht gesagt, dass Serena auch B.s Partei *Popolo
della Libertà* wählt. Aber wenn der Parteichef wieder
und wieder erklärt: »Wir bauen neue Städte für die Jugend«[15], und dabei alle damit verbundenen Probleme
(Energieversorgung, Verkehrsanbindung, missbräuchli-
che Nutzung von Grundstücken) ignoriert, dann können Sie sicher sein, dass Serena ihm zuhört.

Und so haben viele auch bei folgenden Sätzen gut zu-
gehört:

*Eine Spitze allein vorne will ich nicht mehr sehen. Aus
diesem Grund habe ich auch Leonardo gefeuert, weil der
immer Pato auf dem Flügel eingesetzt hat. Ich will zwei
Spitzen sehen, und die sollen zusammen den Angriff
bilden.*
(Bei einem Besuch in Milanello, dem Trainingszentrum des AC Mailand.)

*Damit bekämen wir ein Gesetz, dass es den Italienern un-
tersagt, sich frei am Telefon zu unterhalten.*
(Ebenfalls in Milanello, an der Seite von Massimiliano Allegri, dem frisch eingestellten Trainer des
AC Mailand.)

Fünf Kinder, eins tüchtiger als das andere. Ein Verdienst der Eltern.
(Bei der Examensfeier für seine Tochter Barbara an der *Università Vita-Salute San Raffaele* in Mailand.)

In der Regierung gibt es höchstens kleine Missverständnisse.
(An der Telematik-Universität *e-Campus* in Novedrate, Como.)

In der Popolo della Libertà *gibt es keine moralische Frage, nur drei, vier Personen, die keine Engel sind.*
(Vor der Verleihung des *Premio Grande Milano*.)

Sie werden sich fragen: Was haben verdienstvolle Eltern mit der Telefonüberwachung zu tun? Oder B.s Partei mit den Stürmern des AC Mailand? Die Antwort ist nicht schwer. Mit diesem Ausflug in so unterschiedliche Bereiche innerhalb weniger Stunden – am 19. und 20. Juli 2010 – verfolgte B. ein doppeltes Ziel: deutlich zu machen, dass ihn die gleichen Dinge beschäftigen wie alle anderen auch (Kinder, Handys, Fußball); und zweitens die Aufmerksamkeit der Öffentlichkeit von den großen Problemen seiner Regierung abzulenken. Das Menschliche und das Politische, immer präsentiert es sich Hand in Hand.

Wie nicht anders zu erwarten, nahmen diese Erklärungen breiten Raum ein in Tages- und Sportzeitungen, Nachrichtensendungen und Boulevardmagazinen, Websites und Gesprächen in der Bar. Dabei war die Situation heikel: Der Mitbegründer des *Popolo della Libertà* stand vor dem Rauswurf aus der Partei (Gianfranco Fini), zwei Minister und ein Staatssekretär waren bereits zurückgetreten (Scajola, Brancher, Cosentino), gegen einen weiteren sollten Ermittlungen eingeleitet werden (Caliendo), der Parteikoordinator der PDL (Verdini) war zusammen mit seinem alten Freund (Dell'Utri) in eine Schmiergeld- und Korruptionsaffäre verwickelt und in der von den Mitte-Rechts-Parteien dominierten Lombardei galt es Unterwanderungen durch die Mafia im staatlichen Gesundheitssystem zu erklären. Ein anderer Regierungschef hätte im Parlament Stellung bezogen. B. zog das Trainingszentrum Milanello und die Bühne des Mailänder Domes vor.

Und mit jedem Satz schlug er eine Saite der italienischen Seele an: Sommerträume von einer besseren Fußballsaison mit einer verstärkten Mannschaft, die Abneigung gegen staatliche Kontrollen, Elternstolz, die Neigung, Probleme herunterzuspielen. Wenige Tage zuvor hatte B. in einer Rede vor italienischen Industriellen die staatsanwaltlichen Ermittlungen folgendermaßen abgetan: »Da wird nur Staub aufgewirbelt. Ich mache mir da keine Gedanken. Sollen die Zeitungen doch von einer neuen Geheimloge P3 schreiben. In Wirklichkeit sind das nur vier arme Rentner, die sich was ausgedacht haben, um Italien zu verändern ... Also wenn selbst mir das nicht gelingt ...«[16] Arme Rentner? Das scheint mir nicht die richtige Bezeichnung für die festgenommenen oder von Ermittlungsverfahren betroffenen Männer zu sein. Aber was macht das schon? Rentner – die sich vielleicht nur langweilen – gehören zum Bild von Italien, wie sie die Zeit totschlagend vor einer Bar sitzen oder ein wenig herumspazieren in der Hoffnung auf das nette Lächeln einer Verkäuferin und in Erwartung des Mittagessens. Die Leute betrachten sie mit Wohlwollen. Sie fürchten? Unmöglich.

B.s Gegner unterschätzen den Faktor Mensch. Der Mensch ist weder konsequent noch berechenbar. Er sucht nach Vorwänden und Rechtfertigungen, schleicht sich ein und stiehlt sich davon, setzt den Verstand mit dem Herzen außer Kraft. Und doch sind solche menschlichen Schwächen anziehender als die Tugend.

Wobei man nicht sagen kann, dass es B. an Tugenden mangeln würde. Der Mann kann sich großzügig zeigen, loyal zu seinen Freunden, Mitarbeitern und Untergebenen (wobei sich die drei Kategorien häufig überschneiden). Sein Markenzeichen scheinen jene Tugenden zu sein, die Natalia Ginzburg abschätzig »die kleinen Tugenden« genannt hat[17]: also nicht Wahrheitsliebe, sondern Verschlagenheit, nicht die Liebe zum Nächsten, sondern Diplomatie, nicht der Wunsch, zu sein und zu wissen, sondern das Verlangen nach Erfolg. Und diese kleinen Tugenden haben eines gemeinsam: Sie werden von der großen Mehrheit geteilt.

Menschlich ist es, wie jedermann zu träumen und sich die Träume zu kaufen, die sich nicht alle erlauben können. »Um die Last der Ideologien abzuwerfen«, schrieb Edmondo Berselli zu Beginn des neuen Jahrtausends, »haben manche Italiener enorme Anstrengungen unternehmen müssen (...) Viele haben ihr Leben und ihre Mentalität, vielleicht auch ihr Aussehen, völlig verändert, mit der Erleichterung, die man empfindet, wenn man sich zum Coming-out durchringt und sich endlich so geben kann, wie man im Grunde seiner Seele schon immer gewesen ist.«[18]

So ist an die Stelle eines häufig heuchlerischen pädagogischen Moralismus, der wie ein Deckel auf dem Topf der nationalen Instinkte funktionierte, ein öffentlicher und offensiv vertretener Hedonismus getreten.

Es mag übertrieben erscheinen, von »einer der dramatischsten Wandlungen« zu reden, die »eine moderne Gesellschaft je erlebt hat«, doch die Veränderungen sind unübersehbar. Vielleicht haben wir nicht gerade die »Emanzipation der animalischen Triebe unseres Landes« erlebt[19], doch mit Sicherheit erkennt man in manchen Reaktionen auf die Staatsgewalt althergebrachte Verhaltensweisen, die nur verschüttet waren. Vielleicht ist es nicht das »nicht mehr schuldbewusste Ausleben der Wünsche der Italiener, wie sie tatsächlich sind«, aber mit Sicherheit denken die Menschen im Land heute ganz anders als vor dreißig Jahren.

Eine mit Werbung, Fernsehen und ästhetisch nachgebesserten Promis aufgewachsene Mehrheit der Italiener findet es nicht verwerflich, dass B. sich hartnäckig weigert, älter zu werden. Sein unwandelbares Gesicht ist wie ein Spiegel, der es ermöglicht, sich Illusionen hinzugeben: Wer weiß, vielleicht verändern wir selbst uns ja auch nicht? Sein geliftetes Gesicht, die eingepflanzten Haare und das dicke Make-up sind keine Mängel, die man ihm vorwerfen würde, und auch kein Grund, verschämt das Gesicht abzuwenden. B. hat es verstanden, aus einem verheimlichten Vorgang einen Vorzug zu machen[20] und Solidarität zu wecken.

Während Benito Mussolini, wie Italo Calvino schreibt, seinen Glatzkopf von einem körperlichen Defekt zum Symbol männlicher Kraft umzuwandeln verstand, bemüht sich B. tagtäglich, gegen seine bescheidene Körpergröße, seine Leibesfülle und seine Kahlköpfigkeit anzugehen: Wo Chirurgen, Friseure oder Visagisten nichts mehr ausrichten können, springen die ihm gehörenden oder von ihm kontrollierten Medien bereitwillig ein. Denn er weiß: Einschätzungen vergehen in Italien, Eindrücke aber bleiben. Schaut ihn jemand an und bemerkt: »Alle Achtung, der hält sich aber gut für sein Alter«, hat B. schon gewonnen.

Im Sommer 2010 ging das Gerücht um, Wirtschaftsminister Giulio Tremonti – der aussichtsreichste und entschlossenste seiner möglichen Nachfolger – nenne ihn privat *nonnetto*, »Opachen«.[21] Achtung: B. könnte, wenn es niemand erwartet, damit aufhören, sich die Haare zu färben, könnte seine Augenringe der Schwerkraft überlassen, seinem Bauch Freiheit gewähren und sich zum »Vater des Vaterlands« ausrufen. Dann würden wir ihn im Quirinalpalast als Staatspräsidenten wiederfinden.

Und seine Gegner würden sich einmal mehr fragen, wie das bloß passieren konnte.

2

Der Faktor Gott

Wir haben etwas ganz Neues in die italienische Politik einge-bracht: und zwar die Moral.

Dann erklärt B. genauer. »Moral heißt nicht nur, dass man sich nicht auf Kosten anderer bereichern soll. Ob-wohl, auch das ist vielleicht eine Neuerung, die wir in die Politik eingeführt haben. Die neue Moral aber, von der ich rede«, proklamierte er zum Abschluss des *1. Festa della Libertà* (Fest der Freiheit) in Mailand, am 27. September 2009, »besteht darin, dass wir einhalten werden, was wir den Wählern im Wahlkampf verspro-chen haben«.[1]

Eine arg verkürzte Definition, die seine Gegner em-pört, seine Anhänger tröstet und alle anderen gleichgül-tig lässt. In Italien gibt es kein moralisches Votum, eben-so wenig wie ein katholisches Votum. Was es gibt, ist das Wahlverhalten der Katholiken, die theoretisch fast die Gesamtheit der italienischen Bevölkerung ausma-chen, sich praktisch aber in Dutzende Millionen indivi-dueller religiöser Bekenntnisse aufteilen, so viele nämlich, wie es einzelne Gewissen gibt. Und das sind Gewissen, die – wie wir noch sehen werden – an eine dehnbare Auslegung moralischer Grundsätze im täglichen Überlebenskampf gewöhnt sind. Es sind Gewissen, die B. sehr genau kennt. Denn er selbst besitzt auch eines, das äußerst dehnbar ist.

Warum hat ihm dennoch der »Faktor Gott« nicht nur beim Aufstieg geholfen, sondern auch dafür gesorgt, dass er sich so lange schon ganz oben halten kann? Weil in Italien die Religion immer noch eine Bedeutung hat. Auch wenn es heute verschiedene Religionen sind, eine althergebrachte, eine neue, eine praktische und eine desorientierte, gehen sie doch alle in die gleiche Richtung.

Natürlich gibt es auch noch den anderen Glauben, jenen, der das Leben reicher macht und die Herzen wärmt, aber den findet man nur in den Kirchen und Klöstern, in den Pfarreien und Missionsstationen. Er weiß nicht, wen er wählen soll, aber zumindest weiß er, was man nicht glauben darf.

Schauen wir uns die verschiedenen Religionen, von denen ich sprach, einmal genauer an.

Die althergebrachte Religion besteht aus Traditionen, neigt zu Evokationen, dürstet nach Trost und praktiziert Formen der Verehrung, die manchmal in Aberglauben umzuschlagen drohen.

Das Christentum ist nicht mehr die städtische Religion wie im Italien der freien Kommunen. Es ist nicht mehr die imperiale Religion wie in der Renaissance. Es ist nicht mehr der Leim der bäuerlichen Welt und des einfachen Volkes wie noch bis zur Mitte des 20. Jahrhunderts. Es ist auch kein Stimmenkollektor mehr wie noch zu den Zeiten, als die Christdemokraten das Land regierten, ja nicht einmal mehr eine in der Gesellschaft verwurzelte Praxis: In der (theoretisch) katholischen Region Venetien gingen vor dreißig Jahren noch 75 Prozent der Menschen zur Heiligen Messe, heute sind es noch 15 Prozent. Aber behalten hat die Religion dennoch eine Aufgabe von elementarem Wert, und zwar den, Schutz zu bieten.[2] Und genau das hat ein Mann sehr genau verstanden.

B.s erste Ausflüge auf religiöses Terrain fallen mit seinem Einstieg in die Politik zusammen. Man erlebte sie in Fernsehsendungen, die für ein Publikum bestimmt waren, das sich für Politik wenig interessierte. Vor der Parlamentswahl vom 27. Januar 1994 moderierte eine blutjunge und ferngesteuerte[3a] Ambra Angiolini die Sendung *Non è la Rai* (Das ist nicht die RAI) auf dem Berlusconisender Italia UNO. Im Gespräch mit einem Teufelchen im Trikot des Berlusconiclubs AC Mailand erklärte sie irgendwann: »Gottvater hält zu Berlusconi!« Und ein paar Tage später, am 31. Januar, wurde sie noch deutlicher und rief: »*Forza Italiaaa*!«, den Namen der Berlusconipartei. »Ja, denn Er dort oben, entschuldigt, aber da bin ich sicher, Er freut sich über Forza Italia ... Gott hält zu Forza Italia. Und der Satan, das weiß doch jeder, hält zu Occhetto, entschuldigt, aber das ist so ... Genau wie zu Stalin, und das war wirklich ein schlimmer Typ ...«[3b]

Der Autor und Souffleur der Sendung, Gianni Boncompagni, spielte die Sache herunter: »Kinderkram, wir sind ein herrlich chaotisches Land.« Es wäre interessant zu erfahren, was in dem herrlich chaotischen Land und mit seiner Sendung passiert wäre, wenn diese lustige Indienstnahme des Glaubens andersherum erfolgt wäre: Gottvater für B.s Gegner, dem Anführer der Linken, Achille Occhetto, der Satan für den Eigentümer des Senders.

Nach dem Wahlsieg am 27./28. März 1994 bediente sich die erste Regierung Berlusconi einer mystischen Rhetorik. Die Tageszeitung *La Stampa* schrieb damals in einem Kommentar: »Zuvor hat man den ›bitteren Kelch‹ geleert und ein neues italienisches ›Wunder‹ beschworen, hat die Anhänger aufgefordert, Dank zu sagen für diese ›neue, magische Gegenwart‹, hat mit Nachdruck gewollt und verlangt, dass in der Hymne von *Forza Italia* die Zeile ›wir haben alle ein Feuer im Herzen‹ stehen müsse. Und nun zögert Berlusconi auch nicht, das Gewand eines neuen Messias anzulegen: ›Wer von den Menschen gewählt wurde‹, sagt er, ›ist wie ein vom Herrn Gesalbter‹. Er will also ein von Gott auserwählter Mann sein, von einem Gott, der lediglich in diesem Fall Volk heißt: ›Er hat etwas Göttliches der Staatsbürger, der sich seinen Anführer wählt‹.«[4]

Die religiösen Anwandlungen des früheren Klosterschülers B. überzeugen aber nicht alle. Im August 1994 klagt der katholische Gelehrte Vittorio Messori folgendermaßen: »Wenn jemand verantwortlich ist für die Entchristianisierung in Italien, dann ist das der Cavaliere Berlusconi: Seine Sender stehen für weite Teile der Bevölkerung, für die Gott noch nicht einmal mehr eine theoretische Möglichkeit ist.«[5]

Doch die religiöse Rhetorik geht weiter, bis sie zu einer Gewohnheit geworden ist. Die Jahre in der Oppo-

sition (1995–2001) werden zur »Durchquerung der Wüs-
te«. Die Anhänger von *Forza Italia* werden aufgefordert,
als »Apostel der Freiheit« zu agieren und sich »bei der
Aufgabe der Missionierung zu engagieren«, denn »dies
sind unsere Werte, dies ist unser Glaubensbekenntnis,
das ist weltliches Gebet.« Den Kandidaten für die Europawahl im Jahr 2004 wird das »Glaubensbekenntnis von
Forza Italia« ausgehändigt, mit den Höhepunkten aus
den Reden des Chefs, der Anzahl der Apostel gemäß in
zwölf Abschnitte eingeteilt. Und im Wahlkampf des
Jahres 2006 bekennt B.: »Ich bin der Jesus Christus der
Politik, ein Opfer. Ich ertrage alles, ich opfere mich für
alle.«[6]

Diese Selbstironie fehlte aber in der Verkündigung:
»Wir sind die Partei der Liebe«[7] am 26. Dezember 2009
und auch bei dem Schauspiel, das drei Monate später
auf der Piazza San Giovanni in Rom aufgeführt wurde.
Dort versammelte der Ministerpräsident vor den Regionalwahlen die Kandidaten für die Gouverneursposten
in den einzelnen Landesteilen um sich und proklamiert:
»Ich ernenne euch zu Missionaren der Wahrheit und
der Freiheit. Gehet hin und überzeugt all jene, die noch
nicht überzeugt sind!« Dann forderte er sie auf, eine
Hand aufs Herz zu legen und ihm nachzusprechen:

Vor diesem Volk
verpflichte ich mich feierlich,
als Vertreter aller Gemäßigten,
im Namen der Freiheit,
in meinem Wahlkreis,
in Übereinstimmung mit der Regierung dieses Landes,

alle Punkte des »Abkommens für Italien« zu verwirklichen,
das unser Präsident Silvio Berlusconi heute vorgestellt
hat.[8]

Es waren zwölf Kandidaten (einer fehlte). **Er** stand in ihrer Mitte. Leonardo da Vinci könnte auf Verletzung des Urheberrechts klagen. Aber natürlich, hier in Rom findet kein Abendmahl statt, und das letzte wird es auch nicht sein.

Dann wäre da die neue Religion.

»Wissen Sie, ich habe da so meine Zweifel, ob sich die Leute daran stören. Ich fürchte eher, dass auch von unseren Gläubigen ein ethisch starkes, sicheres Urteil immer weniger gefordert wird. Wir leben in einer Gesellschaft, in der man als tüchtig gilt, wenn man viel Geld verdient, erfolgreich ist, es versteht, auf sich aufmerksam zu machen. Viele denken dann: Der Glückliche, der ist reich, hat Karriere gemacht und so weiter. Aber das sind nur Pseudowerte, die da zur Beurteilung herangezogen werden. Ich habe Angst, dass die Leute nicht empört sind. Und ich möchte nicht, dass die Kirche so duldsam erscheint.«

So weit Carlo Ghidelli, der Erzbischof von Lanciano und Ortona, ein über die Grenzen Italiens hinaus angesehener Bibelgelehrter, nach den Enthüllungen über die erotischen Abenteuer des Regierungschefs, die auch die christliche Wochenzeitung *Famiglia Cristiana* dazu veranlassen, von »Grenzen des Anstands« zu schreiben und sogar von einem nicht zu »rechtfertigenden Verhalten« und einer katholischen Kirche, die »den moralischen Notstand nicht mehr leugnen darf«.[9]

Gewiss, sie kann ihn nicht leugnen, aber sie scheint auch nicht in der Lage zu sein, sich klar dagegen zu positionieren. Dieses Mitschwimmen ist nun kein italienisches Phänomen. Doch andernorts findet die religiöse Moral ein festes Ufer in der Moral der Zivilgesellschaft. Würde in Deutschland ein Minister im Ausland mit einer beträchtlichen Geldsumme erwischt, deren Herkunft er nicht belegen kann, würde man ihn nicht aus dem Amt jagen, weil er gesündigt hat. Er würde gefeuert, weil er gestohlen hat.

In Italien sind diese Mechanismen nicht bloß eingerostet. Sie fehlen vielmehr ganz und gar. Die Tore unseres Gewissens öffnen sich nur noch, wenn sie von außen aufgestoßen werden. Die öffentliche Meinung scheint die Politik als einen entfernten Planeten wahrzunehmen, der seinen eigenen Umlaufbahnen folgt. Viele Katholiken haben ihrer Empörung aus Überdruss, Misstrauen oder aus Mangel an Alternativen einen Schalldämpfer aufgesetzt. Einige nutzen die Affären auch aus, um sich vorsorglich mit Alibis auszustatten: Wenn so das Vorbild aussieht, was kann man dann von uns verlangen?

Schließlich gibt es noch die Anhänger einer praktischen Religion, und deren Gläubige wissen genau, was sich für sie auszahlt.

Sie verzichten zum Beispiel bewusst darauf, sich die Maßnahmen genauer anzuschauen, mit denen in Libyen Migranten an der Überfahrt nach Italien gehindert werden (und die sicher nichts mit der Aufforderung

Papst Benedikts XVI. zu tun haben, »allen Menschen mit all ihren natürlichen Unterschieden aufgeschlossen gegenüberzustehen«). Sie unterlassen es wohlweislich, sich mit den Mechanismen eines fiskalen Föderalismus zu beschäftigen, der dazu beizutragen droht, dass die Ungleichheit zwischen dem Norden und dem Süden des Landes immer größer wird.[10] Oder sie treten dafür ein, dass man einen Fluch »immer im Zusammenhang sehen müsse«[11], und sind dazu bereit, über den Lebensstil des »Hurenbock-Premiers« – wie B. sich scherzend selbst bezeichnet hat[12] – hinwegzusehen, wenn sie von ihm das erhalten, was für sie nützlich und richtig ist.

So koppelt man die Verhaltensregeln von den Verhaltensweisen ab und behauptet, man wolle Letztere stärken, indem man bei Ersteren beide Augen zudrückt. Das scheint die Strategie zu sein. Um zu beweisen, dass sich die *Popolo della Libertà* mehr als alle anderen Parteien um den »Schutz und die Förderung des Einzelnen und der Familie« kümmere, erklärt die Bildungsministerin Mariastella Gelmini: »Es ist kein Zufall, dass ein Mann wie Berlusconi die Partei führt, mit seiner Vergangenheit als Unternehmer in der ›weißen Lombardei‹, ein Mann, der bei den Salesianern erzogen und ausgebildet wurde und der die Projekte der katholischen Kirche immer unterstützt hat (ich erinnere nur an das Krankenhaus San Raffaele).«[13a]

Der Kulturminister Sandro Bondi zitiert Papst Benedikt XVI. und erinnert daran, dass ein »Christentum der Barmherzigkeit, der die Wahrheit fehlt« leicht verwechselt werden könne »mit einem Reservoir menschenfreundlicher Verhaltensweisen, die für das Zusammenleben zwar nützlich, letztlich aber zweitrangig sind.«[13b] Bernhard Scholz, der Präsident des internationalen christlichen Unternehmerverbandes *Compagnia delle Opere*, dem eine Galaxie von 35000 Unternehmen angehört und der eng mit der katholischen Erneuerungsbewegung *Comunione e Liberazione* verbunden ist, betont: »Das widerspruchsfreie Verhalten des Einzelnen, so wichtig und wünschenswert es auch sein mag, ist nicht das einzige Kriterium, um das politische Handeln des Mannes zu beurteilen, der uns regiert. Die wichtigere Frage lautet, ob die Politik denjenigen, die für das Allgemeinwohl tätig sind, genug Freiheiten lässt.«[13c]

Selbst Kardinal Angelo Scola, der Patriarch von Venedig, scheint die Empörung der Katholiken entschärfen zu wollen: »Es wird notwendig sein, die Kategorie der christlichen Zeugenschaft von der schweren moralischen Hypothek zu befreien, die sie belastet und häufig auf die Untadeligkeit eines letztlich selbstverantwortlichen Subjekts reduziert.«[14] Verzeihen Sie, Eminenz, aber man könnte meinen, Sie wollten das Gewissen in Rente schicken. Viele Italiener haben das bereits getan, andere warten nur darauf.

Kommen wir zur desorientierten Religion:

In den 26000 italienischen Pfarreien sind die Gläubigen offen gegen Abtreibung, ehrlich skeptisch beim Thema Euthanasie und unumwunden dagegen, dass zwei Menschen gleichen Geschlechts heiraten können: Was wählen sie? In Italien leben mehr als eine Million Geschiedene: Ein Teil von ihnen wünscht sich die Möglichkeit, wieder zur Kommunion gehen zu können. Wenn sie mitbekommen, wie der geschiedene und wiederverheiratete B. während der Trauermesse für Raimondo Vianello die Hostie empfängt[15], hoffen sie vielleicht, sein Beispiel möge Schule machen, und sind bereit, angesichts seiner gewagten Bekanntschaften beide Augen zuzudrücken.

Eine Mehrheit in Italien sperrt sich angesichts der häufig geäußerten Forderungen islamischer Glaubensgemeinschaften nach mehr Wirkungsstätten. In dieser Frage verhält sich die Mitte-Links-Opposition ausweichend, die Vertreter des Mitte-Rechts-Bündnisses aber ereifern sich. So schreibt Nicholas Farrell in der berlusconifreundlichen Tageszeitung *Libero*: »Seid doch ehrlich, Genossen. Diese Gaddafi-Show, die ihr kritisiert, würdet ihr doch gerne ständig in Italien sehen, und nicht nur ein paar Tage lang, in jeder italienischen Stadt. Mit anderen Worten: Im Namen eurer sakrosankten Idee einer Multi-Kulti-Gesellschaft und des Rechts auf freie, uneingeschränkte Religionsausübung begeistert euch die Vorstellung einer islamischen Moschee nicht nur auf dem Ground zero in New York, sondern auch in jeder italienischen Innenstadt.«[16] Eine grobe Vereinfachung? Gewiss, aber sie wirkt.

»Das Volk der Katholiken in Italien«, schreibt der Soziologe Giuseppe De Rita, »erlangt zunehmend die Fähigkeit, sich postmodern zu zeigen, also postindustriell, posturban, postmediativ, sogar postsäkularisiert.«[17] Das wird wahrscheinlich alles stimmen. Doch Tatsache bleibt: Nach dem Verschwinden der Christdemokratischen Partei (DC) Anfang der neunziger Jahre hat dieses Volk kein politisches Dach mehr und sucht jedes Mal neu irgendwo Unterschlupf. B. freut sich, ihnen diesen Unterschlupf gewähren zu können, denn so hat er Gelegenheit, sein Image als Mann, der christlichen Traditionen entstammt, zu kultivieren.

In *Porta a Porta* (Tür an Tür), jener abendlichen Diskussionssendung auf RAI UNO, in der Er sich gerne den Gläubigen zeigt, hat B. darauf bestanden, den Brief des Erzbischofs von Aquila anlässlich der Wiedereinweihung eines Kindergartens vorzulesen, der durch das Erdbeben 2009 zerstört worden war: »Das Evangelium verdammt die, die schwatzen und untätig bleiben, und preist jene, die anstelle des Geschwätzes konkrete Taten setzen.«[18] Eine Geste gegenüber den Katholiken, die an ihm zweifeln, oder eine Verneigung mit Hintergedanken? Wie man das einschätzt, kommt auf den Standpunkt an.

Den mystischen Bauch Italiens hat B. genau erkundet. Er weiß: Es gibt hier scheinheilige Katholiken, träge Katholiken und unsichere Katholiken, und alle drei Gruppen tendieren dazu, ihm bei der Wahl die Stimme zu geben. Warum?

Für Erstere ist die Religion eine hübsche Fassade, und solche Katholiken freuen sich, wenn sie mit ihrer Auffassung nicht alleine dastehen.

Die Angehörigen der zweiten Gruppe proklamieren nicht näher bestimmte Werte der christlichen Tradition und stimmen damit in den Chor der heidnischen *Lega Nord* ein.

Die Katholiken der dritten Gruppe seufzen: »Mit der

Person B. haben wir schon Schwierigkeiten, aber worauf es ankommt, ist doch sein Programm.«

»Es gibt starke Gruppen, die die religiösen Grundsätze wie einen Schleier missbrauchen, um andere Dinge zu verbergen«, schreibt mir Don Michele Falabretti, der Verantwortliche für die kirchliche Jugendarbeit in der Diözese Bergamo. »Gruppen, die zu vergessen vorgeben, dass das Christentum eine tief verwurzelte Lebenseinstellung ist, die auf dem Gebot der Nächstenliebe aufbaut und ein starkes Engagement für die Mitmenschen verlangt. Gruppen eingefleischter Atheisten, die es jedoch schaffen, mit zehn Worten alle anderen zum Schweigen zu bringen. ›Du wirst doch nicht die Kommunisten wählen, die für Abtreibung sind?!‹ Berlusconi hatte Erfolg, weil er es verstanden hat, den Leuten die schnellsten und einfachsten Antworten zu geben. Jene Antworten, die es Katholiken ermöglicht, sich beim Verlassen der Wahlkabine zu sagen: Zumindest bin ich kein Risiko eingegangen.«[19]

Sie heben die Augen zum Himmel, die Pfarrer und Bischöfe, wenn B., der Promiskuitäts-Champion, am Family Day seinen Auftritt hat. Sie wissen aber auch, wie Ferruccio Pinotti und Udo Gümpel in ihrem Buch *Der Gesalbte* bemerken, dass sich »der Vatikan entschlossen zeigte, bei Themen wie Abtreibung, Scheidung, künstliche Befruchtung, nichteheliche Lebensgemeinschaften oder Patientenverfügung die theologisch-konservative Seite der Regierung Berlusconi zu nutzen.«[20] Auch das sollte man in den Diözesen nicht vergessen.

Aber ist es wirklich eine gute Strategie, sich mit Geschenken und kirchenfreundlichen Gesetzen zufriedenzugeben? Das darf bezweifelt werden. Denn der Verbündete ist längst zum Konkurrenten geworden: Für viele Italiener ist er der Götze eines anderen Glaubens, der mondän ist und hedonistisch. Wenn, wie Monsignor Ghidelli befürchtet, die irdische Dreifaltigkeit heute Geld-Erfolg-Macht heißt, ist B. der geeignete Mann, ihr Prophet zu werden. Er ist nämlich nicht, wie der 2009 verstorbene Gianni Baget Bozzo – Widerstandskämpfer im Zweiten Weltkrieg, Priester, Abgeordneter der Sozialisten, aber dann Wahlkampfstratege von *Forza Italia* – behauptet hat, »der wahre moralische Führer der Katholiken«[21], er hat nicht das »ethnische Niveau der italienischen Politik angehoben« (was nicht schwer gewesen wäre). Sondern er ist sogar, wie Don Verzé auf dem Dach des Mailänder Domes erklärt hat, ein »Geschenk Gottes an Italien«.[22]

Jetzt müsste man nur noch wissen, was der dort oben mit dem Geschenk bezweckt hat. Wollte er uns zur Seite springen oder auf die Probe stellen?

3

Der Robinson-Faktor

*Es muss Schluss sein mit diesem jakobinischen Hinrichtungs-
klima. Ich werde die Rückkehr zu einer Vergangenheit verhindern, von der die Italiener nichts mehr wissen wollen.*[1]

B. ist keine historische Notwendigkeit und keine unver-
meidliche Folge unseres Nationalcharakters. Er ist das
Ergebnis einer Intuition: seiner eigenen. Er hat die Gefühle der Nation begriffen, die Solidarität mit dem, der
es probiert, die Bewunderung für den, dem es gelingt,
das Misstrauen gegenüber dem Staat, die Nachsicht für
den Angeklagten, die typisch italienische Begabung,
sich in den Hohlraum zwischen hohen Grundsätzen
und niederen Eigeninteressen einzuschleichen.

Wir alle fühlen uns wie Robinson Crusoe. Der un-
durchschaubare unwirtliche Staat ist die Insel, auf der
wir überleben müssen (mit sinnlosen Gesetzen, endlos
langen Verfahren, einer erdrückenden Steuerlast). Hin
und wieder stoßen wir auf Freitags Spuren im Küsten-
sand: Da ist jemand schneller gewesen als wir.

Ein reicher, berühmter Individualist muss die Tugen-

53

den des Individualismus nicht erklären. Von Anfang an, seit dem Aufbau seiner *Forza Italia* im Jahr 1993, hat B. die Grundsätze der englischen konservativen Rechten an die italienischen Verhältnisse angepasst, jene Grundsätze, die in Italien etwa Giuliano Urbani vertrat, der auch als Erster B. die Idee einer Partei unterbreitete, die sich nach der Auflösung der *Democrazia Cristiana* und des *Partito Socialista* der Linken entgegenstellen sollte. Dabei wurde Thatchers Motto »Mehr Markt, weniger Staat« auf dem Weg von London nach Rom noch mal vereinfacht: Freiheit für alle, hieß es nun.

Frei aufzubauen und abzureißen, zu fordern und zu erfinden, zu übersehen und zu umgehen, die Vorschriften nach eigenem Gewissen und eigenem Nutzen auszulegen. Mit seinem privaten Erfolg im Rücken hat B. seine politische Karriere auf dem Misstrauen der Italiener gegenüber allem, was öffentlich ist und für alle gilt, aufgebaut, auf der Abneigung gegenüber festen Regeln und auf der stillen Befriedigung, wenn es gelungen ist, eine individuelle Lösung für ein kollektives Problem zu finden.

In Italien versucht man nicht, ein neues Steuersystem durchzusetzen, das gerechter und effizienter wäre, sondern umgeht das bestehende. Obwohl er es später abstritt, hatte B. am 17. Februar 2004 in einer Pressekonferenz bekannt: »Wenn der Staat rund 50 Prozent meiner Einkünfte für sich verlangt, spüre ich, dass dies eine ungerechte Forderung ist. Und ich fühle mich moralisch ermächtigt, ihm so viel wie möglich davon vorzuenthalten.«[2] In den USA wäre das eine subversive Äußerung, in Italien ist es ein Eingeständnis, das auf der Hand liegt und nur etwas spät kommt.

Die hyperregulierte Gesetzlosigkeit – das Fehlen allgemein akzeptierter Normen, die Flut überflüssiger Regelungen – ist das Meer, in dem wir in Italien immer weiter abtreiben. Die Gegenmaßnahmen haben im Laufe der Zeit verschiedene Namen bekommen – sich zu helfen wissen, sich durchbeißen, sich durchwursteln – und gingen mit der stillschweigenden Aufforderung einher: Halt dich schadlos, streng dich an, hilf dir selbst, dann hilft dir Gott! Doch Gott hatte es irgendwann satt, sich um uns Italiener zu kümmern.

Und so ist Berlusconi eingesprungen.

Mehr noch als um einen juristischen Notstand scheint es sich um eine anthropologische Veränderung im Land zu handeln. Wer sind diese neuen, gierigen Italiener, über die heute die Medien so viel berichten? Woher kommen sie? Leute, die bestechen oder bestochen werden, hat es immer gegeben. Aber sowohl den einen wie auch den anderen war das Bewusstsein einer gewissen Andersartigkeit eigen, ein Hauch von Scham, der sie nicht freisprach, jedoch dazu beitrug, ihr Verhalten zu erklären.

Heute sind einem diese Leute unerklärlich. Sie scheinen im Reinen mit sich selbst, lächeln und reden über dies und das, sitzen in kommunalen Verwaltungen, in Anwaltskanzleien, in Krankenkassen, auf Parlamentssitzen, im Kabinett, in Professorenkollegien, im öffentlichen Dienst. Und sie sind bereit, sich für ein Amt oder ein Apartment kaufen zu lassen. Was sie zu diesem Tun ermuntert, ist das Gefühl, straffrei auszugehen. Was ihrem Ego schmeichelt, ist – mehr noch als der materielle Vorteil, den sie häufig nicht genießen können, weil sie sich sonst verraten würden – das Gefühl, alle ausgetrickst zu haben. Was ihr Gewissen beruhigt, ist die Überzeugung, dass es alle so machen, und wenn nicht alle, dann immerhin viele.

Ein Vorschlag: Man müsste ein Heer von Mitschuldigen schaffen, auch wenn die Vorwürfe vergleichsweise harmlos sind. Man müsste die Angst, erwischt zu werden, verbreiten, im Vertrauen auf das Gefühl der Unsicherheit in einem Land wie Italien, das daran gewöhnt – dazu entschlossen, dazu gezwungen (wählen Sie selbst die Ihnen passend erscheinende Bezeichnung) – ist, mit der Illegalität zu leben. Wer die Mieteinnahmen für sein Haus am Meer nicht angegeben hat, gehört ebenso zu diesem Heer wie Bürger, die sich am Telefon verplappern und verraten, dass sie sich haben bezahlen lassen. Damit würde an die Stelle von *Mani Pulite*, dem Aufräumen mit den »Sauberen Händen« zu Beginn der neunziger Jahre, die Aktion *Bocche Cucite* (»Verschlossene Münder«) treten: ein Großprojekt der politischen Chirurgie.

Ein Leser meines Internetforums namens Jimmy Vescovi fragt mich: »Kennen Sie das Phänomen der ›Auftragsweitergabe‹ bei Examensarbeiten? Ich selbst bin Ghostwriter für Examenskandidaten, mit einer Bilanz von über 60 erledigten Diplomarbeiten in verschiedenen, nicht unbedingt verwandten Fachgebieten. ›Erledigt‹ bedeutet: geplant, geschrieben, korrigiert. Ich hatte auch Anfragen von Gymnasiasten, aber die habe ich abgelehnt: Ich sollte sprachlich möglichst einfach schreiben und hier und da ein paar Fehler einbauen. Können Sie sich vorstellen, dass es Eltern gibt, die ihrem Sohn zum Geburtstag das komplette Paket schenken: drei Seminararbeiten plus die Diplomarbeit?«[3]

Jimmy V. wäre zu raten, sich einen anderen Beruf zu suchen, weil er sich somit des Betrugs mitschuldig macht: Immerhin ist ein Diplom ein rechtlich geschützter Titel. Dringender wäre es aber, sich mit den Auftraggebern zu befassen. Sich eine Diplomarbeit schreiben zu lassen und sie als eigene Leistung auszugeben, ist nicht nur unredlich, sondern eine Straftat. Und solch eine Tat zu finanzieren, ist nicht nur falsch, sondern glatter Wahnsinn. Man stelle sich vor: Mama und Papa gehen zur Bank und heben Bargeld ab, um die Arbeit eines Fremden zu entlohnen und die Faulheit des eigenen Nachwuchses zu belohnen. Welch phantastische Lehre fürs Leben.

Viele Italiener haben die Wahrnehmung für die Folgen ihrer Taten verloren. Sie denken nicht mehr in Kategorien wie: Dies ist gut/jenes ist falsch. Und wenn sie bei Gesetzesbrüchen erwischt werden? Dann reagieren sie ungläubig und empört: Was, wegen so einer Kleinigkeit? Schlechte Vorbilder allein können diese Verhaltensweisen nicht erklären. Wenn solche Einstellungen um sich greifen, zeigt das vielmehr, dass in der italienischen Gesellschaft etwas erloschen ist. Oder vielleicht hat es auch nie gebrannt.

Wird jemand an einer beliebigen Universität in Europa beim Abschreiben erwischt, so stellt man ihn bloß: Und das wirkt abschreckend. Die Studenten der Colleges in den USA nehmen ihre Prüfungsaufgaben mit nach Hause und verpflichten sich bei ihrer Ehre, sie ohne fremde Hilfe zu lösen. Bei uns in Italien aber gibt es Eltern, die ihren Kindern die Diplomarbeit kaufen oder ihnen erklären, wie sie um den Eingangstest fürs Medizinstudium oder das Bewerbungsverfahren für den Anwaltsberuf herumkommen können. Und wenn diese Kinder auffliegen? Nun, dann helfen ihre Eltern ihnen, dagegen Einspruch einzulegen.

»Es wäre schön, Italiener zu sein«, seufzt eine Figur in *Azzurro tenebra,* Giovanni Arpinos Roman über Italien bei der Fußballweltmeisterschaft von 1974. »Sie verzeihen sich und anderen alle Laster. Sie haben Verständnis. Sie sind die Erfinder der mildernden Umstände.«[4]

Erfinder, Künstler, Kunstliebhaber: Rechtfertigungen zu finden, ist unsere Spezialität. Die Enttäuschungen haben uns das Misstrauen gelehrt, aber auf gelegentliche revolutionäre Anwandlungen wollten wir dennoch nicht verzichten. Und wie Mazzini und Mussolini hat auch Berlusconi das gespürt. Doch während sich Giuseppe, von edlen Motiven geleitet, ein neues Italien erträumte und Benito sich großmäulig daranmachte, es zu errichten, hat Silvio es erst gar nicht versucht. Innerhalb kürzester Zeit wurde ihm klar, dass für die Mehrheit der Italiener nur eine Revolution infrage kam, und zwar die, überhaupt nichts zu revolutionieren.

Bill Emmott, lange Jahre (1993–2006) Herausgeber des britischen Magazins *Economist* und Autor des Buches *Forza, Italia,* einem Streifzug durch Italien mit seinen guten und schlechten Seiten, schreibt:

Natürlich ist das Mala Italia *ein italienisches Phäno-*
men, aber es meint nicht Italien in seiner Gesamtheit,
weil es hier eher um Egoismus geht. Gewiss, zunächst ein-
mal handelt es sich um Korruption und Kriminalität,
aber genauer betrachtet, ist es der Impuls, Macht zu er-
langen, um sie im eigenen Interesse auszuüben und
dadurch noch mehr Macht zu erringen, um Freunde, die
Familie, Mitarbeiter oder Sexualpartner zu begünstigen,
ohne ihre Verdienste oder Fähigkeiten in Betracht zu zie-
hen. (...) Ich kenne die ambivalente Haltung, die in je-
dem Italiener verwurzelt ist, die Überzeugung, dass die
Gesetze gelten müssen, dass sie einzuhalten, dass die
Steuern zu zahlen sind: von den anderen. Doch das Mala
Italia *geht darüber hinaus. Sein damit verbundener Ego-*
ismus beinhaltet ein geradezu vorsätzlich destruktives
Desinteresse an jeder Art größerer Gemeinschaft und an
den Erfordernissen, den Institutionen, den Gesetzen und
Werten des Staates.[5]

Die Gesetze zu beugen, Bewerbungen hinzubiegen, Abkürzungen zu finden, Gefallen anzunehmen, die über
die übliche Höflichkeit hinausgehen: Geschieht dies
zum Wohl der eigenen Gruppe – der Familie, Bewegung, Verein, Stand –, so sagt das verbreitete Gefühl:
geht schon in Ordnung. Den »amoralischen Familien-
sinn«, den in den fünfziger Jahren der amerikanische
Anthropologe Edward Banfield untersucht hat, gibt es
hier weiterhin, und er hält sich wacker. »Die Unfähigkeit der Bewohner des Dorfes, gemeinsam für das
Gemeinwohl zu handeln«[6], ist immer noch eine typisch
italienische Eigenschaft. Bestärkt durch ausbleibende

Vorwürfe und das Fehlen von Konsequenzen, hat die Gesellschaft nur die Bezeichnungen ihrer Laster geändert. Gewohnheiten werden sie nun genannt.

Es ist normal, dass B. stolz auf seine Kinder ist und an ihre Zukunft denkt (Marina zum Verlag Mondadori, Piersilvio zum TV-Unternehmen Mediaset, Barbara zum Profiverein AC Mailand, bei den anderen beiden wird es sich noch zeigen). Es ist aber bizarr, dass er sich wegen seiner Kinder dazu berechtigt fühlt, seine kolossalen Interessenkonflikte zu verleugnen.

»Als Erklärung dafür, dass er sein Medienimperium nie verkauft hat, hat Berlusconi im Laufe der Jahre mehr als einmal gesagt: ›Das kann ich mir nicht erlauben. Schließlich habe ich fünf Kinder.‹ Ein Beobachter aus dem Ausland würde in diesen Worten die unkluge Bestätigung eines Fehlverhaltens sehen: Da spricht ein Regierungschef, der das Allgemeinwohl seines Landes zum Vorteil seiner eigenen Familie ignoriert«, schreibt Alexander Stille in seiner Berlusconi-Biografie *Citizen Berlusconi*.[7] Weniger seltsam kommt das sicher Millionen von Italienern vor, die selbst ein kleines Geschäft besitzen und vorhaben, es ihren Kindern zu vermachen.

Seit seinem Einstieg in die Politik behauptet B., sein Interessenkonflikt werde an den Wahlurnen geklärt: »Die Italiener wissen, wer ich bin und was ich besitze, und wählen mich trotzdem.«[8] Schon rein formaljuristisch kann man ihm da nicht zustimmen: Bei der Wahl entscheiden die Italiener darüber, wie sich ihr Parlament zusammensetzen soll, und nicht darüber, ob ein Problem zu vergessen wäre. Logisch betrachtet auch nicht: Man könnte sich fragen, ob diese Absegnung des Interessenkonflikts wirklich so frei zustande kommt, angesichts der Tatsache, dass es in diesem Interessenkonflikt gerade um die Medien in B.s Hand geht.

Was allerdings stimmt, ist, dass sich die italienische Führungselite nie um dieses Problem gekümmert hat. »Wer politisch aktiv wurde, wollte keine Vorschriften, die seine kommerziellen Aktivitäten einschränkten, wer unternehmerisch tätig war, lehnte Regelungen ab, welche die politischen Aktivitäten hätten beschneiden können«, schrieb der *Corriere della Sera* schon vor Jahren.[9] Die öffentliche Meinung erschien gleichermaßen desinteressiert. Vielleicht weil Italien, und das nicht erst seit heute, in einem Sumpf von Interessenkonflikten dahintreibt.

Wir dulden Baudezernenten, die mit Baufirmen verbandelt sind, Gutachter, die Kollegen begutachten, Professoren, die mit freien Forschern verwandt sind, Ärzte, die auf der Gehaltsliste von Pharmaunternehmen stehen, Auftragsempfänger im gleichen Unternehmen wie der Auftraggeber, Lehrer, die Schülern Privatunterricht geben, Zeitungsredakteure, die in Presseabteilungen anderer Unternehmen tätig sind. Warum sollte man sich da über einen Politiker empören, der die Kontrolle über die Medien besitzt, die eigentlich ihn kontrollieren sollten?

Also, weiter so. Wir akzeptieren seine Interessenkonflikte, und er rechtfertigt unsere.

Noch nicht einmal die Gesetze, die sich B. auf den eigenen Leib geschneidert hat, haben für den Eklat gesorgt, den man in einer Demokratie hätte erwarten müssen. In einem Leitartikel spricht der *Corriere della Sera* von einer »Sammlung von Gesetzen (alle auch mit den Stimmen der Gefolgsleute Gianfranco Finis beschlossen), die keinen anderen Zweck hatten, als die persönlichen Probleme des Regierungschefs zu lösen«. Selbst ein wohlgesinnter Exeget wie Giuliano Ferrara musste zugeben: »Es ist offensichtlich, dass Berlusconi nie etwas an seiner besonderen, unnormalen Situation ändern wollte, die aber auch seine Identität ausmacht.«[10] Und er fügt hinzu: »Es ist Unsinn, ihm vorwerfen zu wollen, dass er sich um seine Interessen kümmert, dass er sich also gegen die Sturmangriffe der Richter zur Wehr setzt und seinen Besitz vor Urteilen zu schützen bemüht ist, die darauf abzielen, diesen am grünen Tisch zu zerstückeln. (...) Die Geschäfte des Herrn Berlusconi sind die Angelegenheiten des Landes. Schluss, aus.«

Resultat: Seit vielen Jahren erleben die Italiener nun schon einen Mann, der die Machtfülle seines öffentlichen Amtes dazu nutzt, seine privaten Geschäfte und Angelegenheiten zu regeln. Gehen wir hinweg über die Amnestien für Steuer- und Bausünder, die Abschaffung der Erbschaftssteuer, die neuen Regelungen zur Zusatzrente und den *decreto salvacalcio*, den »Erlass zur Rettung des Fußballs«, der den Vereinen die Abwertung ihrer Profifußballer ermöglichte – alles Maßnahmen, von denen auch B. profitiert hat, aber da war er nicht der Einzige.

Lassen wir die Gesetze 350/2003 und 311/2004 außer Acht, die zur Einführung des terrestrischen digitalen Fernsehens einen staatlichen Anreiz für den Kauf von

Decodern bieten sollten und deren Nutznießer vor allem Paolo Berlusconis Firma Solari.com war; auch die Rechtsverordnung 352/2003, die es dem Berlusconisender Rete 4 ermöglichte, bis zum Jahr 2010 weiter analog auszustrahlen; das Gesetz 112/2004 (*Legge-Gasparri* genannt), das durch eine Änderung der Gewinnkalkulation für Unternehmen Berlusconis Mediaset begünstigte; das Gesetz 185/2008, mit dem für den Hauptkonkurrenten auf dem Privatfernsehmarkt, Sky Italia, die Umsatzsteuer von 10 Prozent auf 20 Prozent angehoben wurde[11]; die Rechtsverordnung 40/2010, die es Berlusconis Verlag Mondadori ermöglichte, durch die Zahlung von 8,6 Millionen Euro einen Streit mit dem Finanzamt beizulegen, in dem es um hinterzogene Steuern in Höhe von 173 Millionen Euro ging, die sich durch Säumnisgebühren, Bußgelder und Zinsen schließlich auf 350 Millionen Euro beliefen.[12]

Bleiben die Gesetze zu den Rechtshilfeersuchen mit anderen Ländern (367/2001), die die gerichtliche Verwertung von Beweisen erschwert; die Straffreiheit für Bilanzfälschung (61/2001); das »Cirami-Gesetz« über den »begründeten Verdacht« als Grund für den Befangenheitsantrag gegen einen Richter (248/2002); der sogenannte Schifani-Schiedsspruch, der die Suspendierung aller Gerichtsverfahren gegen Politiker in den fünf höchsten Staatsämtern vorsah (140/2003), der dann aber vom Verfassungsgericht für verfassungswidrig erklärt wurde (Urteil 13/2004); das sogenannte Ex-Cirielli-Gesetz, das für die Verjährung von Korruptionsdelikten und Bilanzfälschung in den Prozessen »Lodo Mondadori«, »Lentini« und »Diritti TV Mediaset«, in denen B.

angeklagt war, gesorgt hat; der sogenannte Lodo-Alfano-Schiedsspruch (124/2008), der Strafprozesse für Politiker in hohen Staatsämtern aussetzte (und der es, bevor er mit dem Urteil 262/2009 für verfassungswidrig erklärt wurde, B. ermöglichte, den Mills-Prozess vorübergehend hinter sich zu lassen).

Ende 2009, Anfang 2010 hat die Regierung mit ihrer Parlamentsmehrheit schließlich den *processo breve*, den »kurzen Prozess«, einzuführen versucht. Ein verlockender Name im Land der endlos langen gerichtlichen Auseinandersetzungen. Durch eine vorübergehende Bestimmung soll das Gesetz – eine verschleierte Amnestie[13] – jedoch auch auf laufende Verfahren anwendbar werden. Einschließlich derer, in denen B. angeklagt ist.

Um zu erkennen, wie inopportun all diese Gesetzesinitiativen sind, muss man sie erst einmal verstehen; damit die Öffentlichkeit sie versteht, muss jemand da sein, der sie den Menschen erklärt; um sie erklären zu können, braucht man Raum beziehungsweise Sendezeit im Fernsehen; und Sendezeit im Fernsehen ist schwer zu bekommen, denn die ist kostbar. Manche Leute begnügen sich mit den Erläuterungen von Fedele Confalonieri, dem Vorsitzenden von Mediaset, für den sein Freund Silvio ein Opfer der Umstände ist: »Sollte es Gesetze *ad personam* geben, dann nur, weil es auch Urteile *ad personam* gibt.«[14]

Für viele Italiener allerdings sind solche Rechfertigungen überflüssig.

Wer es kann, macht es. Wer es nicht macht, kann es nur nicht.

»In den Verband der europäischen Nationen sind wir Italiener so ziemlich als Letzte eingetreten, und mit großer, übertriebener Eile haben wir uns eine moderne Organisation gegeben, um jenes Niveau zu erreichen, zu dem die anderen auf natürlichere Weise, durch wesenseigene Entwicklung gelangt waren«, schrieb in seinem Buch *Carattere degli Italiani* [15](»Der Charakter der Italiener«) Silvio Guarnieri (eine originelle Persönlichkeit: der Vater Notar, die Familie katholisch war Guarnieri ein fideistischer Kommunist, Stammgast im Café *Giubbe Rosse* in Florenz, Freund der Schriftsteller Carlo Emilio Gadda und Elio Vittorini).

Gewiss, das ist weit ausgeholt. Aber nur wenn wir dort ansetzen, wird es uns gelingen, ganz ausbleibende oder nur laue Reaktionen auf bestimmte Phänomene zu erklären. Eine Tradition der Untertänigkeit gegenüber der Herrschaft (der Medici-Faktor), welche sich gut darzustellen versteht (der Truman-Faktor) und welche die Selbstbezogenheit und das Misstrauen gegenüber der Gemeinschaft (den Robinson-Faktor eben) für sich nutzt: Diese Kombination hat jene italienische Kreativität hervorgebracht, die die Welt fasziniert, und den Zynismus, der sie ratlos macht.

In anderen Ländern kann man zum Beispiel nicht verstehen, warum wir uns schon so lange mit den unendlich träge mahlenden Mühlen der Justiz abfinden. In italienischen Gerichten, so liest man in einem Bericht des Europarats, sind fünfeinhalb Millionen Zivilverfahren und über drei Millionen Strafverfahren anhängig; die durchschnittliche Wartezeit auf das Urteil in einem Zivilprozess beträgt sechs Jahre und zwölf Monate.[16] Auf diese Weise werden Gerichtsverfahren zu B.s natürlichen Verbündeten, denn sie ermöglichen es ihm, sich einem Publikum von potenziellen Opfern als reales Opfer darzustellen. (»In der Richterschaft gibt es eine kriminelle Vereinigung!« – »Wir machen die Justizreform für die Bürger und für die ehrlichen Richter.«)[17] Einige erkennen die unterschiedlichen Ansätze der beiden Aussagen, viele fühlen sich solidarisch. Viele sind mehr als einige, und der eine, der sagt, wo es langgeht, weiß das.

Auch B. hat so etwas wie eine italienische Zivilgesellschaft im Sinn, in der die Bürger »ihre Lebenswirklichkeit nicht nur als ein Schlachtfeld betrachten, auf dem man allein für den persönlichen Vorteil kämpft«[18], und tritt vor seinen Wählern für eine solche Gesellschaft ein. Aber sie ist nicht das Ziel eines konkreten Planes, sondern eher das Nebenprodukt anderer Träume des Regierungschefs, ein Automatismus, bei dem von niemandem verlangt wird, zum Nutzen aller auf irgendetwas zu verzichten.

Gewiss: Viele Italiener setzen sich für das Allgemeinwohl ein. Ehrenamtliche Tätigkeiten findet man quer durch alle Schichten und Lager. In Initiativen und Vereinen engagieren sich Menschen aus allen politischen Richtungen. So wie es Leute gibt, die B. nicht wählen, aber seine impliziten Aufforderungen zu einem forcierten Individualismus beherzigen, so gibt es auch andere, die ihn gerade in der Überzeugung wählen, dass ein Mann mit so wenigen Idealen vielleicht genau der richtige Regierungschef für Leute mit vielen Idealen ist.

Er predigt nicht, er fordert nicht, er verurteilt nicht: Er lebt und lässt leben. Nur dass er mit seinen Affären und Prozessen wahrscheinlich gar nicht gut lebt und auch wir unter anderen Bedingungen besser leben könnten.

4

Der Truman-Faktor

Wie viele Tageszeitungen werden täglich in Italien verkauft, wenn wir die Sportzeitungen einmal außer Acht lassen?

Ungefähr fünf Millionen.

Wie viele Italiener suchen regelmäßig eine Buchhandlung auf?

Ungefähr fünf Millionen.

Wie viele Fernsehzuschauer verfolgen regelmäßig die Nachrichtensendungen Sky Tg 24 und Tg La 7?

Ungefähr fünf Millionen.

Wie viele schalten in der Primetime kritische Polittalkshows wie *Annozero* oder *Ballarò* ein?

Ungefähr fünf Millionen.

Wie viele verfolgen die Hintergrundberichte und Diskussionen zu aktuellen Ereignissen nach der Primetime?

Ungefähr fünf Millionen.

Wie viele Besucher täglich haben die Nachrichtenwebsites im Internet zu verzeichnen?

Ungefähr fünf Millionen.

Wie viele gelangen über Smartphone/Handy/Blackberry ins Internet?

Ungefähr fünf Millionen.

Wie viele Leute gehen online einkaufen?

Sie haben es erraten: ungefähr fünf Millionen.[1]

Der Verdacht liegt nahe, dass es sich immer um dieselben Leute handelt. Dieselben fünf Millionen. Nennen wir sie doch den »Five-Million-Club« in Anbetracht der Tatsache, dass viele seiner Mitglieder von sich behaupten, des Englischen mächtig zu sein. Hat dieser Club Gewicht? Ganz sicher, aber weniger als viele glauben. Ist er entscheidend? Nun, er entscheidet über den Ton und den Verlauf von Debatten im Land. Aber die Wahlen entscheidet er nicht.

In diesem Club finden wir Regierungsfreunde ebenso wie Regierungsgegner, Freigeister ebenso wie Auftragsdenker, Verfassungsliberale und Wirtschaftsliberale, Libertäre und Libertins (in großer Zahl). Die intellektuelle Linke verehrt diesen »Five-Million-Club« und plantscht darin wie ein Labrador im Rieselfeld. Auch die Rechte, die außerparlamentarische ebenso wie die in der Regierung, schaut gern im Club vorbei und fühlt sich dort wohl. Doch im Unterschied zu den politischen Gegnern hat sie verstanden, dass sich das politische Schicksal andernorts entscheidet. Im Fernsehen zum

Beispiel. Genauer, im frei empfangbaren Fernsehen zwischen 19 und 21 Uhr.

Der Ritus der abendlichen Nachrichtensendungen lockt auch in Zeiten des terrestrischen digitalen Fernsehens und einer Vervielfachung der Sender immer noch um die 20 Millionen Zuschauer vor die Bildschirme. Gewiss, die Zahlen gehen zurück.[2] Dennoch dreht es sich um immerhin zwei Fünftel aller erwachsenen Italiener, ein anständiger Batzen, der bei jedweder politischen Strömung Gelüste weckt. Plant man zum Beispiel, die Kriminalitätsrate in den Vordergrund zu rücken, während der politische Gegner an der Macht ist, oder gedenkt man, diese herunterzuspielen, während man selbst regiert? Dann sind die Abendnachrichten genau das richtige Forum dafür.

Und zufällig konnte man genau dies auch beobachten: »Die Häufigkeit von Meldungen über Verbrechen«, schreibt Michele Polo, mit Zahlen belegt, in seiner Untersuchung *Notizie S.p.A.* (»Nachrichten-AG«), »hielt sich während des Wahlkampfs 2006, als Mitte-Rechts noch an der Regierung war, auf normalem Niveau und nahm dann, als Mitte-Links an die Macht kam, befördert durch die Nachrichtensendungen der Mediaset-Gruppe, einen dramatischen Aufschwung, um sich schließlich wieder, nach dem neuerlichen Wahlsieg des Mitte-Rechts-Lagers im Jahr 2008, auf das vorherige Maß einzupendeln.«[3]

Und wer führt das Mitte-Rechts-Lager an? Wer besitzt seit den achtziger Jahren fast das gesamte italienische Privatfernsehen und übt heute in seiner Eigenschaft als Regierungschef zusätzlich noch die Kontrolle über den Großteil des öffentlich-rechtlichen Fernsehens aus? Wer ist der Verleger einflussreicher Magazine und könnte bald der Verleger der größten italienischen Tageszeitungen sein?[4] Die Antwort ist: B., demzufolge all das aber gar kein Problem darstellt. »Ich werde meine Fernsehsender niemals verkaufen«, sagte er am 1. April 1994, als er gerade in den Regierungssitz Palazzo Chigi im Zentrum Roms eingezogen war. Und drei Wochen später: »Wieso Interessenkonflikte? Der beste Garant dafür, dass es dazu nicht kommt, bin ich selbst.«[5] Seit damals hat er zu diesem Thema Hunderte weiterer Erklärungen, Kommentare, Beteuerungen und Versprechen abgegeben. In der Sache aber hat er sich keinen Millimeter bewegt. Er verkauft nicht und behauptet weiter, dass dies kein Problem sei.

In den Demokratien anderer Länder, egal welcher geografischen Lage und politischen Ausrichtung, staunt man weiterhin. So schreibt der englische Historiker David Gilmour in *The Pursuit of Italy*, das bald bei Penguin (2011) erscheinen wird:

Es ist bedauerlich, dass in einer Demokratie ein einzelner Mann fast die gesamte Produktion des wichtigsten Mediensektors des Landes unter Kontrolle hat. Allein schon den Begriff »unabhängiges Fernsehen« hält Berlusconi für schlicht lächerlich. Nach seiner ersten Wahl zum Ministerpräsidenten 1994 erklärte er, es sei abnorm, wenn das staatliche Fernsehen eines Landes nicht die vom Volk gewählte Regierung unterstütze.[6]

B. redet von »gutem Journalismus« (dem des Fernsehens) und »schlechtem Journalismus« (dem der Tageszeitungen)[7] und geht gegen missliebige Sendungen wie
Annozero vor, die, einem amtierenden Minister zufolge,
»uns bei den letzten Wahlen sechshunderttausend Stimmen gekostet hat«.[8] Wie seine Vorgänger im Palazzo
Chigi betrachtet auch der aktuelle Ministerpräsident
das öffentlich-rechtliche Fernsehen RAI als eine Art
Kriegsbeute und stört sich, wie wir gesehen haben, kei-
neswegs daran, dass er selbst drei Privatsender besitzt.
Bleibt zu ergründen, warum sich die Mehrheit der Italiener nicht daran stört.

Wir leben nicht in einer *Truman Show*. Wir sind kein
Land von lauter Jim Carreys, die nicht wissen, was tatsächlich läuft. Regieanweisungen allerdings gibt es schon,
und die kommen nicht von Peter Weir.[9]
  Während die Nachrichtensendungen *Tg 4* und *Studio
Aperto* ihre Unterstützung für den Eigentümer der Sender und den Ministerpräsidenten offen zur Schau stellen, stolz auf die Tatsache, dass es sich dabei um ein und
dieselbe Person handelt, laufen andere Manipulationen
subtiler ab.
  Es hat schon etwas ausgemacht, dass im Sommer
2010 die von Enrico Mentana moderierte unabhängige
Nachrichtensendung Tg La 7 ausgewogeneres Bildma-
terial für alle einführte und der Oppositionschef Pier
Luigi Bersani fortan nicht mehr wie eine schwitzende,
von Mikrofonen erdrückte und keines klaren Gedan-
kens fähige Comicfigur auf den Bildschirmen erschien,
während der Ministerpräsident ohne die vorteilhaften

Aufnahmen von unten plötzlich weniger groß und weniger schlank aussah.

Natürlich kann man die Parlamentswahlen auch verlieren, obwohl man die Kontrolle über das Fernsehen besitzt, wie es B. 1996 und 2006 passiert ist. Aber ohne diese Kontrolle hätte er vielleicht öfter und folgenreicher verloren.

Korruptionsfälle herunterzuspielen, Ungereimtes zu verbergen, Probleme und Missetaten zu verschweigen: Das Fernsehen ist wichtig, wegen der Meldungen, die nicht gebracht, der Fragen, die nicht gestellt, der Kritiken, die nicht geäußert, der Vorwürfe, die nicht erhoben werden. Es ist wichtig wegen der Figuren, die es aufbaut, am Leben erhält, zerstört und wieder vergisst.

Andernfalls ließe sich der Druck Wladimir Putins aufs russische Fernsehen nicht erklären, die Aufmerksamkeit, die Nicolas Sarkozy dem französischen widmet, die Konflikte Tony Blairs mit der BBC oder auch das Verhalten amerikanischer Politiker. Diese kaufen sich, wie auch Al Gore berichtet[10], für Millionen von Dollar Sendezeiten auf den Fernsehkanälen, wohl wissend, dass dreißig Sekunden zur richtigen Sendezeit über Sieg und Niederlage entscheiden können.

In jeder Demokratie ist das Fernsehen ein wichtiger Faktor. Wer das Gegenteil behauptet, wer die Meinung vertritt, es habe keinen Einfluss auf die Meinungsbildung der Bevölkerung, ist entweder gerissen oder naiv. Eine Untersuchung des Forschungsinstituts *Censis* (»Die Wahlen 2009: Wie haben sich die Italiener informiert«) belegt:

Während des Wahlkampfs zur Europawahl 2009 infor-
mierten sich 69,3 % der Wähler vor der Stimmabgabe
über Meldungen und Kommentare in den Nachrichten-
sendungen des Fernsehens. Die Fernsehnachrichten sind
nach wie vor das wichtigste Medium zur Lenkung des
Wählerverhaltens, vor allem bei den weniger gebildeten
Schichten (hier steigt die Zahl auf 76 %), den Rentnern
(78,7 %) und Hausfrauen (74,1 %).

Damit es das bürgerliche Gewissen wachrütteln kann,
muss das Fernsehen sich aber auch selbst thematisieren.
Doch das geschieht nicht: Wer über die Ausrichtung
des TV-Programms bestimmt, hat kein Interesse daran,
dass im Fernsehen übers Fernsehen informiert wird.
Doch selbst wenn es möglich wäre, seien wir ehrlich, wir
haben nur noch ein sehr schlecht trainiertes Gewissen.

Silvio Berlusconi kam 1936 im Mailänder Stadtteil
Isola zur Welt, genauer: am 29. September, dem gleichen Tag wie der Oppositionsführer Pier Luigi Bersani:
Er ist also kein Alien, wie seine Gegner gern glauben
machen, um ihre eigene Unfähigkeit zu bemänteln (das
Mitte-Links-Lager hat in der Regierungsverantwor-
tung kein einziges Gesetz verabschiedet, das die Interessenkonflikte geklärt und die staatliche Rundfunkan-
stalt RAI vom Einfluss der Parteien befreit hätte). Wie
schon mehrfach dargelegt, thematisiert, verstärkt und
rechtfertigt B. nur Einstellungen, die ohnehin schon
im Land weit verbreitet sind. Die Meinung, dass Zeitungen und Fernsehen unabhängig sein sollten, gilt in
Italien als naiv, als Wunschdenken oder Heuchelei.
Und wir mögen es nicht, als Einfaltspinsel oder Träu-

mer dazustehen. Über Heuchler kann man vielleicht reden.

Die Mehrheit der Italiener denkt nicht, dass den Medien in einer Demokratie die Rolle einer vierten Gewalt zukommt. Würde ein moderner Thomas Jefferson in Neapel oder Palermo landen und noch einmal verkünden: »Müsste ich zwischen einer Regierung ohne Presse und einer Presse ohne Regierung wählen, würde ich keinen Augenblick zögern, mich für Letzteres zu entscheiden!«, bekäme er hier zur Antwort: Wir sind bereit, sowohl auf Ersteres als auch auf Letzteres zu verzichten, wir wollen nur, dass endlich der Müll wegkommt. Würde es in Mailand oder Rom jemand wagen, sich der Meinung von H.L. Mencken anzuschließen, demzufolge sich »die Presse zu den Politikern wie ein Hund zur Straßenlaterne zu verhalten habe«[11], würde man ihm antworten, dass hier die Laterne durch einen Knochen zu ersetzen sei. Und wenn der Hund mit dem Schwanz wedelt, steigen seine Chancen, ihn zu bekommen.

Im Grunde agiert B. lediglich – allerdings mit weniger Skrupeln und größerer Kompetenz – nach einem Drehbuch, das man noch aus früheren Zeiten kennt: Wer regiert, beherrscht auch das Fernsehen und überlässt seinen Gegnern ein paar symbolische Programme. Der Gedanke, dass sich der Besitz der Privatsender im Falle eines Wahlsiegs der Rechten noch zur Kontrolle über das öffentliche Fernsehen hinzuaddieren würde, war zu hoch für die Denker der italienischen Linken. Und erst recht für Leute, die sich überlegen müssen, wie sie ihre nächste Darlehensrate abbezahlen sollen.

Überall ist zu beobachten, dass die Medien zunehmend als Waffe im politischen Kampf eingesetzt werden. Nicht die CNN News, sondern die hervorragend gemachten, aber klar parteiischen, für die Republikaner streitenden *Fox News* verzeichnen die enormen Zuwachsraten in den USA. In Deutschland wurden die Begehrlichkeiten der Politik gegenüber den Medien 2009 überdeutlich, als der ZDF-Chefredakteur Nikolaus Brender abgelöst wurde – ganz offensichtlich auch auf Betreiben des hessischen Ministerpräsidenten Roland Koch, der zugleich stellvertretender Vorsitzender des ZDF-Verwaltungsrats war. Und in Großbritannien scheinen nur die BBC, die *Financial Times* und der *Economist* Freund und Feind nicht im Voraus sortiert zu haben. In Italien haben wir es sogar noch leichter, weil wir da eine alte Tradition fortführen können. Sich gegen einen Lieblingsgegner in den Kampf zu stürzen, entspricht, wie wir noch sehen werden, unserem Wesen und unseren Neigungen.

Wer B. liebt, gleicht in dieser Hinsicht dem, der ihn verachtet: Beide Seiten wünschen sich, in ihrer Haltung bestätigt zu werden. Das gilt für die Presse ebenso wie für die Nachrichtensendungen im Fernsehen: Das große Publikum hat für Zweifel nichts übrig, weder zum Cappuccino noch zum Abendessen. Der kritische Geist Italiens zahlt den Preis für die noch junge Bindung an die Demokratie und die schon so alte Tradition der Parteilichkeit. Wie das Publikum in der *Truman Show* wünscht die Masse keine Einwände, sondern Aufmunterungen, will keine Probleme, sondern einen Plot, sucht keine Informationen, sondern Unterhaltung. Ohne zu wissen, dass sie hier noch etwas anderes sind als bloße Zuschauer.

Der dreißigjährige Truman Burbank, die Hauptfigur des Films *The Truman Show*, hat keine Ahnung, dass sein Leben seit seiner Geburt der Mittelpunkt einer überdimensionalen Realityshow ist, die live aufgenommen und von Millionen Zuschauern gesehen wird. Seehaven, das hübsche Städtchen, in dem er lebt, ist ein gigantisches Fernsehstudio. Trumans Freunde und Bekannte sind Schauspieler, und die Produktionsleitung bestimmt über alles, was in seinem Leben passiert: über Begegnungen und Freundschaften, über Freude und Ärger in der Liebe, im Job oder in der Freizeit.

Seehaven heißt in Wirklichkeit Seaside und ist ein Ort in Florida am Golf von Mexiko, auf halbem Weg zwischen Fort Walton Beach und Panama City. Ein idyllisches Plätzchen, mit himmelblauen Häusern und weißen Landungsbrücken, eine Immobilienphantasie, dem Geist des Bauunternehmers Robert Davis entsprungen, der es 1979 nach den Vorstellungen des *New Urbanism* auf dem von seinem Großvater ererbten Grund und Boden errichten ließ und damit seine Kindheitserinnerungen reproduzierte. Seaside, heute ein beliebter Urlaubsort für reiche Amerikaner, wirbt weder mit seinem Leitspruch – *More than a way of life, a way of living!* (Mehr als eine Lebensweise, eine Art zu leben!) – noch mit dem Umstand, dass es einmal als Schauplatz für einen Film diente. Im Haus von Truman Burbank/Jim Carrey wohnt eine kleine Familie. Neugierige Besucher lächeln die Familienmitglieder freundlich an, aber man spürt, dass sie für diese Neugier nicht viel übrig haben und liebend gern auf den Besuch verzichten würde.

Was ist »trumanesk« am heutigen Italien? Zum Beispiel der Versuch, uns weiszumachen, dass alles zum Besten steht. »Es gibt zwei Arten von Realität«, hat B. erklärt. »Zum einen die echte Realität, die Realität der normalen Leute, und zum anderen jene, die die Zeitungen beschreiben, die aber nicht wirklich existiert, sondern ein reines Hirngespinst ist.«[12] Manch einer wird jetzt einwenden: Aber das ist doch die alte Leier jeder Regierung auf dieser Welt! Das stimmt. Doch der italienische Versuch ist noch tückischer: Denn hier ist der Regisseur ein echter Profi.

B. ist kein Diktator und bedient sich auch keiner totalitären Mittel. Von einem Italien in Pastelltönen träumt er tatsächlich, und um das zu schaffen, streicht er das heutige Italien schwarz-weiß an. Er wünscht sich ein Land glücklicher Familien und gehorsamer Kinder, fleißiger Städte und blühender Unternehmen, schneller Verkehrsmittel und funktionierender Dienstleistungen, ganz so wie es in dem Wahlvideo *Meno male che Silvio c'è* (Zum Glück gibt es Silvio)[13] vorgeführt wird. Ein Italien, das ohne Opfer für alle nicht zu haben ist. Doch für die ist noch Zeit: Wer sie ankündigt, könnte sich unbeliebt machen.

»Mit seinen Slogans, Witzen, Geschichtchen und Versprechungen schafft es der Cavaliere seit fünfzehn Jahren, die Italiener zu verzaubern, indem er sie mit seiner speziellen Medientherapie hypnotisiert und lauthals Optimismus predigt, Vertrauen, die Erwartung einer besseren Zukunft. Und bislang hat ihm die Mehrheit geglaubt, wie einem Propheten oder einem Guru«, schreibt Giovanni Valentini.[14]

Demagogie? Das trifft es nicht genau. Wir haben es hier mit einem Mann zu tun, der »seinen Zuhörern das erzählt, was sie hören wollen, und der sie in die Hand bekommt, indem er ihren schlimmsten Vorurteilen und schlimmsten Leidenschaften schmeichelt.«[15] Ein Demagoge ist ein Phrasendrescher, B. aber ist, wie wir gesehen haben, mehr noch ein Regisseur. Er richtet den Drehort ein, auf dem sich die Figuren bewegen werden. Theoretisch sind sie frei zu improvisieren, praktisch aber sind sie dazu angehalten, nach einem Drehbuch zu spielen, an dem ihre Gewohnheiten mitgeschrieben haben.

Erweist sich das Drehbuch als nicht so formbar wie die Schauspieler, ist das auch kein Problem: Es wird kurzerhand umgeschrieben. B.s Medien sind ständig damit beschäftigt, ein Bild von Optimismus, Effizienz und Kompetenz zu verbreiten. Schalten die Rete-4-Nachrichten live zum G-8-Gipfel in L'Aquila, erörtert der Kollege nicht die Frage, wie viel die Verlegung des Treffens vom ursprünglichen Tagungsort auf den Maddalenainseln gekostet hat. Nein, die Frage lautet: »Zwei Wunder wurden bereits vollbracht: Der Müllnotstand in Neapel ist beendet und die Organisierung dieses G-8-Gipfels gelungen. Was könnte das dritte Wunder sein?«[16]

Der Politiker B. nutzt die Mittel des Privatunternehmers, und der Unternehmer B. schützt sich mit den Instrumenten der Politik. Wie im Anfang, so in Ewigkeit.

1995 bezweckte ein Referendum, den Besitz von Fernsehsendern auf einen pro Privatperson zu begrenzen, Werbeunterbrechungen bei Spielfilmen zu verbieten sowie eine Höchstgrenze für das Werbevolumen der Sender einzuführen. Sofort gab es wütende Proteste.

Mike Bongiorno, Fiorello, Gerry Scotti, Alberto Castagna, Valeria Marini, Marco Columbro, Lorella Cuccarini, Ezio Gregio. Aber auch Enrico Mentana, Antonio Di Pietro, die Bombardierung Bagdads während des Golfkriegs, Papst Wojtyla, der Händedruck Rabin-Arafat, die Panzer auf dem Platz des Himmlischen Friedens. Und Splitter von Spielfilmen und Serien: Ghost, Twin Peaks, Dallas, Dornenvögel, Die Frau in Rot. *Dazu Musik von Louis Armstrong. Dann plötzlich eine Unterbrechung, Musik und Bilder erlöschen. Der Bildschirm wird schwarz. Einige Sekunden lang. Dann erscheint eine Schrift:* »1980–1995, in diesen fünfzehn Jahren ist dein Leben reicher geworden. Canale 5, Italia 1, Rete 4. Lass zu, dass es uns gibt. Es ist besser, auswählen zu können.« *So sieht der von Giorgio Gori und Davide Rampello im Auftrag von Fedele Confalonieri entworfene 90-Sekunden-Spot aus, den Fininvest gestern um 18.05 auf Canale 5 ausstrahlte und der in den nächsten Tagen auf den anderen Sendern gezeigt werden soll.*[17]

2004, also neun Jahre später, hat es Marco Follini im Übermut nach den guten Resultaten seiner Partei UDC (*Unione dei Democratici Cristiani e di Centro*) in den Kommunalwahlen gewagt, das *par-condicio*-Gesetz zu verteidigen, das führenden Politikern und Parteien ungefähr gleich viel Sendezeit im Fernsehen garantieren sollte und damit gegen B. gerichtet war. Wie der Talkshowmoderator Bruno Vespa in seinem Buch erzählt, endete die Sache so:

FOLLINI: »... *Ich wundere mich, Silvio, dass du die* par condicio *an erste Stelle setzt.*«

BERLUSCONI: »*Das ist ein entscheidendes Thema. Durch das Gesetz habe ich bei den Wahlen 4 Prozent verloren. Du, Marco, hast es gut. Du bist ständig auf den RAI-Sendern zu sehen. Da kannst du nicht so egoistisch sein und anderen Parteien verbieten wollen, eigene Spots zu schalten und zu bezahlen.*«

FOLLINI: »*Stimmt, in der RAI bin ich präsent. Zum Glück, denn in den Nachrichten deiner Mediaset-Sender war ich im Januar und Februar 2004 gerade mal 42 Sekunden zu sehen.*«

BERLUSCONI: »*Aber Mediaset greift dich auch nicht an ...*«

FOLLINI: »*Das möchte ich mal sehen ...*«

BERLUSCONI: »*Mach nur so weiter, dann wirst du schon sehen ...*«[18]

Seitdem ist Marco Follini praktisch von den italienischen Bildschirmen verschwunden, so wie andere Politiker auch, die in verschiedenen Positionen im Mitte-Rechts-Lager zu Hause und irgendwann nicht mehr erwünscht waren: Etwa Mario Segni, der Initiator des Referendums zur Änderung des Wahlrechts 1993, die früheren Minister Rocco Buttiglione und Beppe Pisanu, Antonio Martino und Ferdinando Adornato, Paolo Guzzanti und Bruno Tabacci.

Weil er 2009 die Affäre um den Prostituiertenbesuch in B.s Palazzo Grazioli öffentlich verurteilte (offizieller Euphemismus: Escortservice), wurde Dino Boffo, der Chefredakteur der katholischen Tageszeitung *Avvenire,* von Vittorio Feltris *Il Giornale* (eine Tageszeitung im Besitz der Familie Berlusconi) heftig angegriffen und schließlich zum Rücktritt gezwungen. Eine Schlagzeile: »Boffo, der Supersittenrichter, wegen sexueller Belästigung verurteilt«.[19]

Zwei Monate lang hat die Hauptausgabe der RAI-Nachrichtensendung Tg 1 von Augusto Minzoli im Jahre 2010 immer wieder über Ermittlungen eben jener Tageszeitung *Il Giornale* berichtet, bei denen es um undurchsichtigen Immobilienbesitz von Giancarlo Tulliani geht. Tulliani ist der Schwager des Parlamentspräsidenten Gianfranco Fini, der sich mit B. überworfen hat und aus der Partei *Popolo della Libertà* ausgeschlossen wurde. Seltsam, dass ein Mann wie Fini, ein so erfahrener Schauspieler auf der politischen Bühne, die Stimme hinter den Kulissen überhört hat: »Danke, der Nächste bitte!«

Die Regie entscheidet, aber Truman weiß von nichts.

Warum empört sich die Wählerschaft nicht über diesen Missbrauch der Medien? Warum fragen sich nur so wenige: Ist es normal, dass Leute, die die Regierung kritisieren, von den Medien gesteinigt werden, die der Chef eben jener Regierung beherrscht? Vielleicht liegt es daran, dass die italienischen Zeitungen sich auch früher schon nicht gescheut haben, für ihre jeweiligen Herrn in die Schlacht zu ziehen. Die kommunistische Partei (PCI) zum Beispiel hat ihre Tageszeitung *L'Unità* immer als Waffe im politischen Kampf benutzt. Und das Gleiche tat auf der anderen Seite die nationalistische MSI mit ihrem *Secolo d'Italia*. Aber einen Unterschied gibt es. Jene Zeitungen damals waren Korvetten, während B. heute eine ganze Flotte befehligt: Flugzeugträger,

Panzerkreuzer und U-Boote, die ihre Torpedos abfeuern.

Es ist nicht nötig, jede einzelne Sendung zu kontrollieren: Die Kontrollierten kontrollieren sich schon selbst. Als der Zauberer Silvan in der Sonntagnachmittagsshow der RAI, *Domenica In*, freundlich anbot, »Berlusconi seinen Zauberstab zu leihen«, um die Folgen des Erdbebens in den Abruzzen zu bewältigen, reagierte die Moderatorin Lorena Bianchetti aufgeschreckt: »Dazu muss ich etwas sagen ... das war ja eine ganz persönliche Bemerkung von dir ... ich hingegen möchte die Gelegenheit nutzen, allen staatlichen Stellen zu danken, die vor Ort so aktiv sind ...«[20]

In einer spätabendlichen Informationssendung, die nur Mitglieder des »Five-Million-Clubs« verfolgen, wäre das nicht passiert. In der populären Nachmittagsshow konnte man es erleben.

Wir Italiener erwarten uns Wunder von den Leuten, die das Land führen, und hoffen, auf diese Weise um Mühen, Entbehrungen und Selbstkritik herumzukommen. Aus diesem Grund wurden wir in den vergangenen neunzig Jahren zu Faschisten, ohne es zu sein, zu Antifaschisten, ohne daran zu glauben, zu Christdemokraten, ohne es zuzugeben, zu Sozialisten, ohne ihnen zu trauen, zu Anhängern von Volksbegehren, ohne sie zu verstehen, zu Berlusconianern, ohne es zu merken.

B. genießt es, als ein Mann zu gelten, der Wunder vollbringt. Allerhöchstens ist er dazu bereit, diesen Ruf mit Ihm zu teilen. Er verspricht das gelobte Land, das immer hinter dem Horizont liegt: Da es nie erreicht wird, kann es auch nie enttäuschen. Um das zu schaffen, muss der Prophet nicht nur Regisseur sein, sondern auch Drehbuchschreiber und Kameramann. Er hat Scheinwerfer auszuschalten und Hintergründe ins rechte Licht zu setzen, um das Publikum jederzeit davon zu überzeugen, dass es gerade im Morgengrauen eines wunderschönen Tages lebt.

Warum über die organisierte Kriminalität reden, wenn das die Menschen in schlechte Laune versetzt? Nur weil dem Innenminister, den Ermittlungsbehörden und den Sicherheitskräften soeben ein Schlag gegen die Mafia geglückt ist? »Wenn ich die finde, die neun Folgen von ›Allein gegen die Mafia‹ gedreht haben und die all die Bücher über die Mafia schreiben und dann herumreisen und auf der ganzen Welt so ein hässliches Bild von Italien verbreiten, die erwürge ich, das schwöre ich!«[21], hat B. erklärt und von »Literatur, kultureller Förderung, *Gomorra* ...« gesprochen, die an einem negativen Italienbild schuld seien. Man könnte jetzt einwenden, dass sein Verlag (Mondadori) Roberto Savianos Mafiabestseller veröffentlicht und sein Sender (Canale 5) die Serie über den »Boss der Bosse«, Salvatore Totò Riina, ausgestrahlt hat. Doch B.s Rhetorik ist nicht logisch. Sie ist emotional, so wie die vieler, vieler anderer Italiener auch.

»Wenn man morgens die Zeitungen durchblättert, sieht man, wie hier Ängste geschürt werden, die außerhalb jeder Vernunft und jeder Realität liegen!«, beschwerte sich B. bei einer Pressekonferenz im Palazzo Chigi. Und er fuhr fort: »Es gilt, die Verleger und verantwortlichen Redakteure der Presseorgane dazu anzuhalten, keine Panikmache mehr zu betreiben und die Menschen nicht in Angst zu versetzen. Deshalb fordere ich die Unternehmen auf: Damit ihre Maßnahmen in den Medien Wirkung zeigen, sollten sie damit drohen, nicht mehr in jenen Medien zu werben, die selbst Faktoren der Krise sind.«[22]

Eine unangebrachte Aufforderung, denkt der »Five-Million-Club«. Eine verständliche Reaktion, alle anderen.

5

Der Hoover-Faktor

Schon wahr, er versteht es, sein Produkt zu verkaufen, aber man muss auch sagen: Ringsum herrscht eine große Bereitschaft, ihm alles abzukaufen.

B. hätte seine politische Ware nicht so gut absetzen können, wäre er nicht auf eine Nation in ausgeprägter Kauflaune gestoßen. Warum? Einige Gründe haben wir uns schon näher angesehen, zu anderen kommen wir noch: Empathie, veränderte Lebensumstände, neue Anschauungen, alte Gewohnheiten, der Mangel an Alternativen. »Zu Beginn der neunziger Jahre waren die Italiener der Schwerfälligkeit müde und dürsteten nach Effizienz«[1], schreibt die Tageszeitung *La Stampa* in einem Kommentar. Schade nur, dass sie sich dann doch, wie in der Bar an der Ecke, wieder damit begnügten, das Gleiche wie immer zu bestellen.

Eines aber steht fest: Der Verkäufer beherrscht seinen Job. So gut wie die *Hoover-salesmen*, die in den zwanziger Jahren ganz Amerika zu bereisen begannen. In Canton, Ohio, war von James M. Spangler, einem unter Asthma und Stauballergie leidenden sechzigjährigen

Mann, ein *suction sweeper* (Saugbürste) entwickelt worden, den er aus Ventilatorblättern, einem Nähmaschinenmotor, einer Holzkiste, einem Kissenbezug und einem Besenstiel zusammengebastelt hatte. Da ihm das Geld für Investitionen fehlte, verkaufte er das Patent an den Ehemann einer Cousine, an William »Boss« Hoover, der die Staubsauger produzierte und an den Haustüren feilbieten ließ, wobei den Kunden ein kostenloses Rückgaberecht von zehn Tagen eingeräumt wurde.

There's Nothing Like a Hoover®
When You're Dealing With Dirt!

»Wenn's um Schmutz geht,
kommt an Hoover® keiner heran!«

Um sein Studium zu finanzieren, hat auch B. in den fünfziger Jahren in der Nachbarschaft tragbare elektrische Bürsten verkauft (neben seinem Job als Fotograf bei Hochzeiten und Beerdigungen).[2] Ebenso hat er verstanden, wogegen wir in Italien allergisch waren, und so kam es, dass er Jahre später dann nicht nur an den Haustüren der Leute klingelte, sondern sich zudem über sein Fernsehen hineinbitten ließ. Nur ist die Probezeit bei ihm nicht gratis und dauert jetzt schon siebzehn Jahre.

B. ist geschickt. Er weiß, wie man die Verpackung schöner gestaltet, ohne das Produkt zu verändern. Die klassischen Formen überwiegen:

1994 präsentierte sich B. im Wahlkampf als ein Mann, der außerhalb des alten Parteiensystems steht, ein Unternehmer, der glaubt, in der Politik gebraucht zu werden. Die Wähler seiner Partei *Forza Italia* – ein hoher Prozentsatz Hausfrauen (21,8%), ein niedriger Akademiker (3,8%) – wussten nichts von den guten Kontakten B.s mit Craxis Sozialisten und der Parteiführung der Christdemokraten; und ebenso wenig wussten sie von den 3500 Milliarden Lire Schulden, die seine Finanzholding Fininvest belasteten. Giuliano Urbani, der während eines Treffens in B.s Villa in Arcore am 29. Juni 1993 diesen zum Einstieg in die Politik bewog, meinte daher: »Anfangs erkannte ich bei Berlusconi einen Cocktail verschiedener Gefühle, von denen persönliche Sorge einen dominierenden Anteil von 80% ausmachte.«[3] Aber auch wenn die Wähler das gewusst hätten, wäre es ihnen wohl nicht so wichtig gewesen. Ein Mailänder Unternehmer, der schon für seine bunten Fernsehsender berühmt ist (Silvio Berlusconi) oder ein Turiner Politiker, an dem sein grauer Schnurrbart hervorsticht (Achille Occhetto): Da ist der Ausgang vorprogrammiert.

Mittlerweile ist das Neue längst alt, doch immer wieder auf Hochglanz gebracht worden, kommt das Gebrauchte neuer als das Neue daher. In der aktuellen Situation präsentiert sich B. weiterhin als Außenseiter im Politikbetrieb und wirkt überzeugend dabei. Am 11. September 2010 erklärte er in einer Telefonansprache von Moskau nach Gubbio, wo das Führungspersonal seiner Partei zu einem Lehrgang versammelt war, dass in Italien nicht wieder die Zeit der *governicchi*, der Übergangsregierungen, beginnen werde, dass eine Regierungskrise eine »Straftat« sei und dass die »alte Interessenpolitik« nicht wieder die Oberhand gewinnen dürfe.[4] Die Tatsache, dass er acht Jahre lang die Regierung und ebenso lange die Opposition angeführt hat, ändert für ihn nichts: Die Gegner stehen für die Interessenpolitik früherer Zeiten, er für eine neue Politik, die Begeisterung weckt.

DER ZUPACKENDE MANN

Angefangen bei der Fernsehansprache, mit der er am 26. Januar 1994 seinen Einstieg in die Politik verkündete (wie Enzykliken an den ersten Worten erkennbar: »Italien ist das Land, das ich liebe«) über den »Vertrag mit den Italienern«, den er am 8. Mai 2001 in der Polittalkshow *Porta a Porta* unterzeichnete, also fünf Tage vor jener Wahl, die seine Rückkehr als Regierungschef besiegelte, bis zur »Regierung der Taten, die alle alten und neuen Notstände angeht und beseitigt«, die er am 20. März 2010 von der Bühne auf der römischen Piazza San Giovanni herab ankündigte:[5] In den entscheidenden Situationen ist B.s Methode immer gleich. Auslassen, vereinfachen, übertreiben. Der Kunde glaubt zu verstehen, begeistert sich und greift zu.

Im »Vertrag mit den Italienern« 2001, der den *Contract with America* des Republikaners Newt Gingrich (1994) zum Vorbild hatte, versprach B.:

- einen Abbau der Steuerlast
- Kontaktbereichsbeamte in den Städten und einen
  Rückgang der Kriminalität
- eine Anhebung der Mindestrente
- Baumaßnahmen im großen Stil
- die Halbierung der Arbeitslosigkeit.

Würde er nicht mindestens vier der fünf Ziele erreichen, so gelobte er feierlich, träte er bei der nächsten Wahl nicht mehr an. Wie wir mittlerweile wissen, hat die Steuerlast nicht abgenommen, die Arbeitslosigkeit wurde nicht halbiert, und bei den Baumaßnahmen kamen mehr Skandale als neue Straßen heraus. Doch der Kunde vergisst, und der Verkäufer versteht sein Handwerk.

B.s Ruf als zupackender Politiker aber hat sich auch im Ausland verbreitet. In seinem Erinnerungsbuch *Mein Weg* berichtet der frühere britische Premierminster Tony Blair, ein Geschäftsmann und Mann von Welt, folgendermaßen von der Vergabe der Olympischen Spiele 2012 an London: »Es gab da noch einen letzten Akteur, ohne den wir möglicherweise nicht gewonnen hätten: Silvio Berlusconi. Im vorigen August hatte ich ihn in seinem Haus auf Sardinien besucht und um Unterstützung bei unserer Bewerbung gebeten. Italien war ein wichtiger Faktor. Er fragte mich, wie wichtig es denn sei, die Olympischen Spiele zu bekommen. ›Es ist wichtig‹, sagte ich. ›Sehr?‹, fragte er. ›Sehr‹, sagte ich. ›Sie sind mein Freund, ich verspreche nichts, aber ich werde schauen, was ich tun kann.‹ Das war typisch Berlusconi, und genau deshalb mochte ich ihn auch. Die meisten

Politiker sagen: ›Ich verspreche‹, unternehmen dann aber nichts. Er sagte: ›Ich verspreche nichts‹, kam dann aber der Bitte nach.«[6]

Solche Worte sind Musik in B.s Ohren. Und an Instrumentalisten, um diese Musik in der Öffentlichkeit zu spielen, mangelt es ihm nicht.

DER ERFOLGSMANN

Die Fußballmannschaft des AC Mailand, Milan genannt, ist wie eine Metapher für B.s Welt. Bei keinem anderen seiner Besitztümer sind Leidenschaft und Kalkül, Vision und Interesse so anschaulich miteinander verflochten.

Nach den Erfolgen in den neunziger Jahren, die seinen politischen Aufstieg begleitet und begünstigt hatten, sowie den zwei Champions-League-Siegen 2003 und 2007 schien B.s Liebe zu Milan erkaltet zu sein. Die Mannschaft sei perfekt, so wie sie ist, versicherte er, und überließ dem Stadtrivalen Inter Mailand Ruhm und Siege, der auf diese Weise in vier Spielzeiten, von 2007 bis 2010, Milan in der italienischen Liga um insgesamt 79 Punkte hinter sich ließ und schließlich sogar ein historisches Triple mit Meisterschaft, Pokal und Champions-League-Sieg gewann. Doch im Sommer 2010 kauft B. dann plötzlich im Verlauf von achtundvierzig Stunden zwei teure Weltklassestürmer: Ibrahimović und Robinho.

Was war passiert? Der Tageszeitung *Il Giornale* zufolge handelte es sich um eine Reaktion »auf die Diffamierungen, die Treulosigkeiten und Enttäuschungen, die

Präsident Silvio Berlusconi in der Politik zu erdulden hat«. Der Meinungsforscher Luigi Crespi, einst ein Günstling von B., schreibt, »eine bunt gemischte Lobby aus Managern, Politikern, Journalisten, Leuten aus dem Showgeschäft und dem Umfeld des AC Mailand«, habe eine Meinungsumfrage in Auftrag gegeben, die überraschende Ergebnisse hervorbrachte: »Der Ministerpräsident sei in Gefahr gewesen, 20 bis 25% der Milananhänger zu verlieren, die sich normalerweise für seine PDL entscheiden. In Wählerstimmen umgerechnet hätte das einen Verlust von mindestens einer halben Million Stimmen oder von zwei Prozentpunkten ausgemacht.«[7]

Misserfolg ist ein Risiko und eine Schmach. Nach der peinlichen Niederlage und der kläglichen Figur im Spiel gegen den Aufsteiger Cesena, hat B. aber nicht das blasse Debüt des Schweden Ibrahimović kommentiert (dessen Gehalt über dem der gesamten gegnerischen Mannschaft liegt), sondern erklärt: »Wir haben das Problem, dass auf Milan häufig Schiedsrichter der Linken angesetzt werden.«[8] Ersetzt man »Milan« mit »die Partei« und »Schiedsrichter« mit »Richter« erkennt man: So neu ist diese Einschätzung nicht. Inzwischen scheint die Rechnung aber aufzugehen: AC Mailand führt die Tabelle an.

Interessenkonflikte? Gibt es nicht: All die Interessen des Ministerpräsidenten – persönliche, familiäre, gesellschaftliche, emotionale, sexuelle, berufliche, sportliche, mediale, finanzielle, industrielle, kommerzielle oder eben auch politische – bergen keine Konflikte mehr. Gründlich miteinander vermischt, bewegen sie sich jetzt alle in die gleiche Richtung wie Wasser in einem

Fluss. Und die öffentliche Meinung? Die folgt dem Strom. Und die Opposition? Wird immer wieder von der Flut überrollt.

Gibt man bei Google »*how to sell a product?*« ein (»Wie verkauft man ein Produkt?«), landet man 434 Millionen Treffer. Der erste ist: http://www.wikihow.com/Sell-a-Product. Die zwölf dort unterbreiteten Ratschläge beweisen, welch hervorragender *salesman* B. ist. Ob seine Ware was taugt, muss jeder selbst entscheiden.

1. Es reicht nicht, gute Produktinformationen zu den richtigen Leuten zu bringen. Es gilt auch, die Eigenschaften eines Produkts als Vorteile für den Kunden darzustellen und ihm auf diese Weise die Kaufentscheidung zu erleichtern.

B. hat es verstanden, viele Italiener davon zu überzeugen, dass es in ihrem Interesse liege, wenn er die Regierung übernimmt. Man wird hier vielleicht einwenden: Aber machen das nicht alle Politiker so? Gewiss, aber manche sind hier eben besser, schneller, phantasievoller als andere. B.'s Motto ist immer noch das gleiche wie zu der Zeit, als er zunächst Häuser und dann Werbeminuten verkaufte. »Sich konkav geben beim Konvexen, und konvex beim Konkaven.« B. wird es nicht einfallen, vor einem Publikum potentieller Steuerhinterzieher das Problem Steuerhinterziehung anzusprechen – das heißt, in Italien wird er nie darüber reden –, stattdessen aber bei jeder Gelegenheit die langen Wartezeiten für Genehmigungen und die komplizierten Genehmigungsverfahren anprangern.

2. Stellen Sie während der Präsentation sicher, ob der potentielle Kunde Ihr Produkt tatsächlich haben möchte.

Auch wenn B., wie wir noch sehen werden, kein Studium an der Sorbonne vorweisen kann, hat er doch jede Menge Jahreshauptversammlungen besucht, und das sind nicht weniger prägende Ausbildungsstätten. Bei seiner Baufirma *Edilnord* hat er die Kunst gelernt, zu überzeugen, auch in schwierigen Situationen Optimismus zu verbreiten, die Wichtigkeit des Teams erkannt, durch seine Werbeagentur *Publitalia* lernte er die kommerzielle Bedeutung der Gleichförmigkeit, die Anziehungskraft des Immergleichen, die Techniken spontaner Galanterie (und die Praxis kleiner Erinnerungsgeschenke) zu schätzen.

Acht große Staatschefs sind leichter zu verführen als achthundert junge Leute, die Werbeminuten verkaufen müssen, um an ihre Provision zu kommen. B. kennt die Rituale der Coffee-Breaks und Gruppenfotos. Obama hat sich tausendmal dazu aufgestellt? Gut, aber B. bestimmt hundertmal mehr. Er weiß, wo er auftauchen, wie er lächeln, was er sagen muss, um die Aufmerksamkeit auf sich zu ziehen.

In einem Interview mit CNN hat er das 2009 bestätigt: »Ich bringe gute Laune mit und trage Optimismus in die Gruppe. Nachdem ich so oft schon in vielen verschiedenen Situationen Versammlungen großer Gruppen geleitet habe, weiß ich, wie ernste Themen und Besprechungen hin und wieder aufzulockern sind.«[9]

Die Queen mag sich darüber aufregen – aber sie ist es auch nicht, die B. für sich gewinnen will.

3. Die erfolgreichsten Produkte werden gekauft und nicht verkauft. Sie werden von Leuten gekauft, die etwas brauchen und die überzeugt sind, dass dieses Produkt oder diese Dienstleistung ihr Bedürfnis befriedigen wird. Solche Art Verkäufe sind das Ergebnis einer Marketing-, nicht einer Verkaufsstrategie.

B. ist gern ironisch und kann auch sarkastisch sein. Was er selten zeigt, ist *understatement*. Das mag für den Menschen B. eine Schwäche sein, für den Verkäufer B. ist sie es nicht. Die Kunden wollen ihn begeistert sehen und von keinem Zweifel beleckt. Folgendermaßen hat B. im September 2009 sein eigenes Wirken beurteilt:

Ich spüre, dass ich besser bin als jedweder andere Ministerpräsident in der sechzigjährigen Geschichte unserer Republik. De Gasperi? Er ist ein Vater des Vaterlands, außenpolitisch hat er schwierige Aufgaben gemeistert. Aber was die innenpolitischen Maßnahmen angeht, kann sich das, was De Gasperi hinterlassen hat, keinesfalls mit dem messen, was meine Regierung leistet.[10]

Historiker mögen darüber schmunzeln, doch die Botschaft ist angekommen: Ich behaupte einfach, ich bin der Beste, und Ihr müsst mir erst einmal das Gegenteil beweisen. In den achtziger Jahren brachte er seinen Mitarbeitern bei:

Ihr müsst Dampfhämmer sein. Setzt bei den Leuten nicht zu viel Intelligenz voraus. Redet unkompliziert, überzeugend. Wiederholt die Fakten, erläutert sie mit einfachen

Worten. Die einfachsten Wahrheiten vergisst man am schwersten.[11]

Kein amerikanischer Marketingguru könnte es besser ausdrücken. Und kein anderer italienischer Politiker verstände es so gut wie B., die Finanzprobleme des Landes seinen Vorgängern anzulasten.

Die Regierungen von 1980 bis 1992, von außen unterstützt durch die Kommunistische Partei, die 92 % der den Haushalt belastenden Gesetzesvorlagen zustimmte, haben es geschafft, die Staatsverschuldung zu verachtfachen, sodass wir heute, was die Schuldenlast angeht, auf dem dritten Platz in der Welt liegen.[12]

Bezweckte B., seinen Freund Bettino Craxi verantwortlich zu machen, der während dieser Zeit einer der maßgebenden Politiker des Landes war? Natürlich nicht. Bei der Live-Übertragung im Fernsehen hat er es aber geschafft, die Ämter seines Förderers von der Sozialistischen Partei auszuklammern, den verhassten Kommunisten die Schuld in die Schuhe zu schieben und eine Rechtfertigung für den Schuldenberg des Staates zu finden. Und das mit gerade mal fünfzig Worten: eine Leistung.

4. Ein Produkt tatsächlich zu verkaufen und nicht nur zum Verkauf anzubieten, verlangt stets auch emotionalen Einsatz.

Viele amerikanische Soldaten, die nach dem Ersten Weltkrieg von der Front heimkehrten, wurden für das Heer der *Hoover-salesmen* angeworben. Es war keine

leichte Arbeit: lange Tage, bescheidene Löhne, un-
freundliche Abfuhren an den Haustüren. Irgendwann
ging das Unternehmen dazu über, die erfolgreichsten
Verkäufer mit Orden zu belohnen, die tatsächlich auch
militärische Namen wie Dsm (*Distinguished Service Me-
dal*) oder »Scharfschütze« bekamen. Eine kleine Aner-
kennung der Firma, aber eine große Genugtuung für
die Ausgezeichneten.

B. hat dieses Modell verstanden. 2006 verlieh er den
Legionari Azzurri, den »Blauen Legionären«, (»180 000
Menschen, die an ein Ideal glauben, das Ziel kennen,
die Wähler überzeugen, die Wahlen überwachen und
sich in Silvio Berlusconi und *Forza Italia* wiederfinden«),
ein spezielles Wahlkampfset. Moment mal, Legionäre?
Schon gut, B. kennt den Gedächtnisverlust im Land:
Dass auch die Faschisten den militärischen Wortschatz
des alten Rom geplündert haben, stört ihn nicht. Genauso ignorierte er im August 2010, dass es in Italien
schon einmal die faschistischen Kampfgruppen, die
squadre d'azione fasciste, gegeben hat, und verkündete den
Einsatz von *squadre della libertà* mit dem Auftrag, an den
Haustüren für Berlusconi zu werben und am Wahltag
die Stimmauszählungen zu kontrollieren. Aber dann
müssen ihm doch Zweifel gekommen sein, denn im Oktober wurden die *squadre* zu Teams (»Ich will 61 000 *Teams
della Libertà* in den 61 000 Wahlbezirken«).[13]

Führerkult, Organisation und Teamgeist: Alles funktioniert. Die Gegner verstehen es nicht, welchen Reiz
Abzeichen, Gadgets und Titel sowohl auf die Wähler als
auch auf die Kandidaten ausüben.

Gebt einem Italiener einen Posten, einen Dienstgrad,

eine Uniform, und er ist glücklich. Wir sind eine Nation von selbstverliebten Chefs und hoffenden Stellvertretern, von hierarchischen Pyramiden, die schwindelerregend hoch erscheinen mögen, den Menschen jedoch tatsächlich Halt geben. Sie bereichern das Leben und verleihen den großen Erwartungen genauso wie den alltäglichen Mühen einen Sinn: Ein Italiener von vier ist Chef von irgendetwas, die anderen drei hoffen darauf, es eines Tages werden zu können.

B. kennt diese Mechanismen und bedient sich ihrer. Ist ein Volksvertreter im Grunde nicht eben auch ein *Vertreter*? Na bitte, dort steht das Köfferchen.

Im Wahlkampf des Jahres 1994 stattete B. seine Kandidaten – gegen Bezahlung – mit zwei grünen Stofftaschen mit Zierstreifen aus Lederimitat (eine zum Umhängen, die andere eine Art Pilotentasche) aus, die Folgendes enthielten:

- drei Krawatten mit weiß, rot, grünen »Regimentalstripes« und dem Slogan *Forza Italia* in der Mitte
- drei große italienische Landesfahnen mit dem gleichen Schriftzug
- zehn dreieckige Wimpel mit goldenen Posamenten
- ein Kugelschreiberset mit goldenem Schriftzug (*Forza Italia*)
- 15 Videokassetten, auf denen die einzelnen Punkte des Wahlprogramms von Antonio Martino (*Libera Università* LUISS, Rom) und Gianni Marongiu (*Università degli Studi* in Genua) erläutert wurden
- 2 Videokassetten, zwei CDs und Audiokassetten mit einer Karaoke-Version der Parteihymne

- ein größerer Vorrat an Aufklebern und Abzeichen in verschiedenen Größen
- runde Anstecker mit dem Konterfei des Parteivorsitzenden
- ein Prospekt des Fininvest-Imperiums, das aufgeschlagen einen Blick auf das Symbol des Konzerns bietet (ein Skulptur von Piero Cascella), auf ein Foto des Konzerngründers, sowie eine Liste aller Konzernbesitzungen und -beteiligungen in Italien und im Ausland
- die »Erklärung Dr. Silvio Berlusconis vom 26.1.1994: Für mein Land«.

Als man im linken Lager davon erfuhr, lachte man lauthals. Dann verlor man die Wahl, und das Lachen wurde leiser.

Vierzehn Jahre später, vor der Parlamentswahl 2008, waren Strategie und Mittel immer noch die gleichen. Wieder wurde den Kandidaten – diesmal allerdings gratis – ein Set ausgehändigt, darin Anstecker, Magnetsticker, Fahnen, die »Charta der Werte«, die »Sieben Zukunftsaufgaben«, das Parteiprogramm, eine detaillierte Liste aller 67 von Prodi eingeführten neuen Steuern sowie ein vierzigseitiges Heftchen. Es enthielt Anregungen für Diskussionen und Wahlveranstaltungen (»Argumentationshilfen für die Kandidaten«), darunter: Walter Veltron, den damaligen Vorsitzenden der Mitte-Links-Partei PD, mit Stalin zu vergleichen. Und zwar so: »Obwohl er noch nicht über die Software Adobe Fotoshop verfügte, ließ Stalin jemanden verschwinden, nämlich Karl Radek auf einem berühmten Foto, das die Kreml-Chefs zeigt. Doch da man noch Radeks Hände sehen konnte, kam die Retuschierung heraus. Ganz ähnlich ist es mit Veltroni, dem neuen Stalin: Er hat Prodi im Schrank versteckt, doch dessen Hände sind ebenso wie die von Visco und Padoa Schioppa gut zu erkennen, nämlich an den viel zu vielen Steuern, die die Italiener bezahlen.«[14]

Als man im linken Lager davon erfuhr, lachte man wieder. Dann verlor man erneut die Wahl, und das Lachen wurde abermals leiser.

5. Verbreiten Sie die Informationen zu Ihrem Produkt auf einem oder mehreren der folgenden Wege: persönlich, über Vertreter, Verkäufer, Radio und Fernsehen, Mundpropaganda zwischen den Kunden, Post (in verschiedenen Formen), Verkaufsshows und Fachmessen, Seminare, Telefon, Computer, Stände vor Geschäften, bezahlte Anzeigen und Internet.

In der berlusconianischen Messfeier ist der Wortgottesdienst von grundlegender Bedeutung. Ein Produkt zu verkaufen – egal ob einen Staubsauger oder eine Partei – verlangt eine ausgeprägte Redebegabung. B. ist ein Spezialist des Monologs und der Einsilbigkeit. Für Diskussionen ist er weniger geeignet, weil er es nicht ertragen kann, wenn ihm jemand widerspricht. Ist das der Fall, verfinstert sich seine Miene, und seine Sprache und seine Bewegungen werden langsamer und schwerfälliger: Er spürt, dass er nicht geliebt wird, und stellt die Verkaufsbemühungen ein.

Was B. schriftlich verbreitet, ist so klar wie Produktwerbung, die es sich auch nicht leisten kann, nicht verstanden zu werden. Doch erst in der mündlichen Kommunikation entfaltet B. seine besondere Stärke, auf ihr gründen sich seine Erfolge. Allerdings birgt diese Begabung das Risiko, dass er übertreibt. Im Fernsehen schafft es kaum jemand, B. zu unterbrechen, und nur wenige versuchen es überhaupt noch. Offenbar ist er überzeugt, dass sich mit diesem Redefluss (6,5 Silben pro Sekunde) die Menschen hypnotisieren lassen.

Zu seinem Wortschatz, mit dem er sich an seine Gesprächspartner anpasst, kommen wir noch (der Zelig-Faktor). Doch es ist vor allem die Syntax, bei der B. wichtige Neuerungen eingeführt hat. Die italienische Politik war immer stolz auf ihre Undurchschaubarkeit, die sie für ein Zeichen von Vornehmheit hielt. Der implizierte Nebensatz, bei dem das Verb nicht konjugiert wird und so das Subjekt rätselhaft bleibt, war jahrzehntelang das Markenzeichen eines bestimmten Milieus. B. hat nun das Grundmuster Subjekt-Prädikat-Objekt wieder eingeführt sowie einen einzigen Nebensatz nach dem Hauptsatz. Der Kunde/Wähler glaubte, seinen Ohren nicht zu trauen: Fasziniert von der verständlichen Form, hat er nicht darauf geachtet, dass der Inhalt irreal war.

6. Die Informationen zum Produkt müssen erschöpfend sein. Idealerweise sollten dem potenziellen Kunden alle Informationen geliefert werden, die er braucht, um an Ort und Stelle zu kaufen.

B. liebt es, Zahlen, Daten, Statistiken und Prozentsätze herauszukehren, denn er kennt ihre Überzeugungskraft: Nur selten werden seine Zuhörer in der Lage sein, ad hoc solche Zahlen zu widerlegen. Hin und wieder irrt er sich, wie zum Beispiel als er, trotz der höflichen Einwände des Moderators Bruno Vespa, darauf beharrte, dass »60 Milliarden alte Lire« nicht 30 Millionen Euro, sondern »30 Milliarden Euro« seien[15]. Doch auch wenn er mal strauchelt, so ein Marathonläufer lässt sich nicht aufhalten.

Alle Parlamentarier, Funktionäre und Unterstützer seines Lagers sind aufgefordert, von solchen Daten regen Gebrauch zu machen. In Werbeanzeigen und -spots der Regierung wimmelt es von Zahlen: Die Broschüre mit dem Titel »5 Jahre Arbeit für Italien«, die vor den Parlamentswahlen 2006 verteilt wurde, enthält mehr Ziffern als ein Telefonbuch. Ein wissenschaftlicher Ansatz für ein Land, das sich gern beeindrucken lässt. Und überdies eine Methode, sich abzuheben und sein Produkt zu verkaufen.

Wenn es die Umstände erfordern, sind bei dieser Zahlenpassion auch schon mal Unwahrheiten erlaubt.

»(Ich bin) der gerichtlich mit Abstand meistverfolgte Mann aller historischen Epochen der gesamten Geschichte der Menschheit. (Ich hatte mich) in 106 Verfahren zu verantworten, die alle mit Freispruch endeten; in zweien sind die Vorwürfe verjährt.« So machte sich B. am 9. Oktober 2009 Luft. Tatsächlich waren es sehr viel weniger Verfahren. In einem Interview mit dem *Corriere della Sera* am nächsten Tag ruderte seine Tochter Marina schon zurück. »Gegen meinen Vater sind in insgesamt 26 Fällen Ermittlungen eingeleitet oder Verfahren eröffnet worden.« Die Tageszeitung *La Repubblica* schreibt allerdings, dass es sich in Wirklichkeit um

16 Prozesse gegen B. handele, von denen 12 bereits abgeschlossen seien. In drei Fällen endeten sie mit Freispruch (davon nur in einem wegen erwiesener Unschuld). In zwei Verfahren handelte es sich, wie das Gericht erkannte, bei den zur Last gelegten Taten nicht um Vergehen im Sinne des Strafgesetzbuches; in zwei weiteren Fällen wurden die Vorwürfe durch eine Amnestie hinfällig; in den restlichen fünf Fällen erkannte das Gericht dem Angeklagten »mildernde Umstände« zu (wobei er zweimal von der Verkürzung der Verjährungsfrist profitierte, die seine Mehrheit bei »mildernden Umständen« beschlossen hatte).[16]

7. Wenn Sie ein Produkt im persönlichen Gespräch verkaufen, kommt es darauf an, die Informationen als Wohltaten für den potenziellen Käufer darzustellen.

Umberto Eco schreibt:

An Berlusconi beeindruckt (und amüsiert leider auch) das Übermaß an Verkaufstechniken. In diesem Zusammenhang ist es gar nicht nötig, den Geist der betrügerischen Televerkäuferin Vanna Marchi zu beschwören, die zur Karikatur dieser Verkaufstechniken wurde. Schauen wir uns nur einmal an, wie ein Autoverkäufer vorgeht. Zunächst einmal wird er Ihnen erzählen, dass der Wagen praktisch ein Formel–1-Bolide sei, dass man das Gaspedal nur streicheln müsse, um auf zweihundert Sachen zu beschleunigen, und dass der Wagen insgesamt für eine sportliche Fahrweise konzipiert worden sei. Doch kaum hat der Mann begriffen, dass Sie eigentlich fünf Kinder und eine gehbehinderte Schwiegermutter zu

transportieren gedachten, wird er Ihnen übergangslos
darlegen, wie ideal dieser Wagen sei für eine sichere
Fahrweise, eine konstante Reisegeschwindigkeit, kurzum
die ganze Familie.
Dem Verkäufer kommt es nicht darauf an, dass die ein-
zelnen Teile seiner Ausführungen logisch zusammenpas-
sen. Mit alldem, was er erzählt, versucht er nur einen
Punkt zu finden, bei dem Sie plötzlich hellhörig werden,
der Ihr Interesse weckt. Er weiß, auf ein Thema, das Sie
berührt, werden Sie reagieren, und haben Sie sich einmal
darauf fixiert, sind all die anderen Informationen schnell
vergessen. Ein Verkäufer wird also alle Argumente nach-
einander herunterrattern und sich nicht an den Wider-
sprüchen stören, in die er sich dabei verwickeln könnte.[17]

8. *Viele Verkäufer geben nicht gern zu, dass Verkaufsabschlüs-*
se allein dadurch zustande kommen können, dass der Verkäu-
fer dem Kunden Informationen zu dem Produkt liefert.

So sehr er auch von seiner eigenen Unentbehrlichkeit
überzeugt sein mag, hat B. doch die Bedeutung einer
attraktiven, verständlichen und überzeugenden Darstellung seiner Politik begriffen. Angesichts seines Frem-
delns gegenüber dem Internet ist es wenig wahrscheinlich, dass er den Online-Auftritt seiner Partei *Popolo della*
Libertà maßgeblich gestaltet hat (wobei er sich weiterhin in die Fernsehprogramme seiner Mediaset-Gruppe
einmischt). Aber mit Sicherheit hat er die Website gesehen und genehmigt.

Wer Mitte August 2010 die Internetseite www.ilpopo-
lodellalibertà.it besucht hat, fand einen großen Schrift-

zug vor (»Nehmen auch Sie an der ›Operation Erinnerung‹ teil«) und konnte sich ins »Album der Regierung der Taten« einklicken.[18] Beim Durchblättern mit der Maus – und wenn gewünscht mit Hintergrundmusik – sah er eine Auflistung aller Regierungsmaßnahmen zwischen 2008 und 2010, eingeteilt nach Themen wie Einkommenssicherung, Sicherung von Spareinlagen, familienfreundliche Steuerpolitik, Eigenheimförderung, »für die berufstätige Frau« und so weiter. Auf der Website der Demokratischen Partei (*Partito Democratico)* gehen diese Themen in einer Flut von Informationen unter, werden in thematische Untergruppen zerlegt und mit Slogans, Presseerklärungen und Interviews vermengt. Wer wissen will, was die Linke vorhat, sollte sie an die Regierung kommen, oder erwartet, mit Argumenten ausgestattet zu werden, die den berlusconifreundlichen Barmann in der täglichen Diskussion blass aussehen lassen, ist am falschen Platz gelandet (oder, jetzt endgültig, in der falschen Bar).[19]

9. Steht der Verkäufer allerdings in direktem Kundenkontakt, ist die persönliche Beziehung wichtiger als die Kenntnis seines Produkts. Wer als Verkäufer die praktischen und emotionalen Bedürfnisse seiner Kunden erkennt, wird Erfolg haben.

Die Kunden zu verstehen: Darum bemüht sich B. – und es gelingt ihm auch, seit vierzig Jahren, wobei er immer wieder die gleichen Auftritte und Mechanismen für seine Ziele einsetzt.

Die große Bühne lag ihm schon zu Zeiten der Jahreshauptversammlungen, heute liebt er sie innig. 1968 –

damals war er zweiunddreißig – verkaufte er Wohnungen in Brugherio vor den Toren Mailands mit dem Slogan: »Wenn es in Mailand regnet, scheint in Brugherio immer die Sonne!« 2006 griff er bei einer Versammlung des italienischen Unternehmerverbands *Confindustria* zum Mikrofon, stand auf und wiederholte seine alten Slogans: »Denken Sie positiv. Seien Sie optimistisch! Ein Unternehmer ist verpflichtet, optimistisch zu sein! Mit Pessimismus kommt man nicht weiter! Glauben Sie nicht den Zeitungen, die von Niedergang schreiben: Wir sind nicht ärmer geworden in den vergangenen Jahren!« Und hob dann an zu einer Flut von Zahlen, Sprüchen und Zitaten.[20]

Der Kunde hat gekauft. Die versammelten Industriellen, von Natur aus eher skeptisch, schwenkten auf seine Seite über.

10. Werbung, Merchandising und Marketing dienen dem Verkauf.

B. ist ein Verführer. Der Wunsch, seine Gesprächspartner für sich zu gewinnen, verleitet ihn zu einem dehnbaren Verhältnis zur Realität, wozu auch gehört, dass er seine Autobiografie schönt. In seinen Anfangszeiten als Fernsehunternehmer erzählte er gern, er sei in jungen Jahren als Sänger im Libanon aufgetreten (wo er gar nicht gewesen ist) und könne ein Studium an der Sorbonne vorweisen (er hat dort aber nie studiert) sowie einen Titel als italienischer Studentenmeister im Kanu mit CUS Milano (den er nie errungen hat). Die schlechte Angewohnheit der Geschichtsklitterung hat sich bis heute erhalten. Am 25. Mai 2010 war unter den geladenen Gästen beim Abendessen in B.s Palazzo Grazioli auch ein Vertreter der *Lega Nord* aus Busto Arsizio. »Als junger Kerl habe ich in der Mannschaft deiner Stadt Fußball gespielt«, verriet der Hausherr, wie Anwesende berichten, irgendwann dem Politikerkollegen. Schade, dass der Traditionsverein *Pro Patria Busto Arsizio* niemals einen Spieler namens Berlusconi in seinen Reihen hatte.[21]

»Dass Völker wankelmütig und leichtgläubig sind«, schreibt der neorealistische Schriftsteller Giuseppe Berto, »ist leicht vorstellbar angesichts der Tatsache, dass ein Großteil der Menschen, die ein Volk bilden, wankelmütig und leichtgläubig sind. Nun ist aber Leichtgläubigkeit nichts, was die Fürsten beunruhigen sollte. Ganz im Gegenteil. Ein Übermaß an Wankelmütigkeit jedoch könnte unangenehm werden. Allerdings sagt Machiavelli, obwohl er noch nicht von Stalin beeinflusst worden sein kann, dass es dann genügen würde, die Voraussetzungen zu schaffen, um die Menschen mit Zwang glauben zu lassen.«[22]

Ein demokratischer, zeitgemäßer Zwang, versteht sich. Doch fest steht auch, dass bei B.s Werbefeldzügen viel Geld, viel Energie und viel Beharrlichkeit im Spiel ist. Persönlich die Hauptlast eines Wahlkampfs zu tragen und von Kundgebung zu Kundgebung, von Fernsehstudio zu Fernsehstudio zu ziehen, das würden nicht viele über Siebzigjährige mitmachen. Und eine Anklage durchzustehen und als »von den Medien entfachten Rauch« abzutun, ist eine Sache, aber sechzehn Jahre am Stück mit Prozessen konfrontiert zu sein, eine ganz andere.

11. Verkäufe können nur auf einem der folgenden Wege gesteigert werden:
- *indem eine höhere Stückzahl der aktuellen Produkte an die derzeitigen Kunden verkauft wird*
- *indem neue Produkte ins Sortiment aufgenommen werden*
- *indem neue Kunden gewonnen werden.*

Wie schafft man es, die Kunden zu halten? Nun, sie müssen sich aufgehoben fühlen. Auch aus diesem Grund hat sich in den Jahren an der B.-Ikonografie kaum etwas geändert, angefangen bei dem himmelblauen Hintergrund (eine Farbe, die die Parteien der Ersten Republik nicht besetzt hatten: Die Christdemokraten waren weiß, die Kommunisten und Sozialisten rot, die Republikaner grün, die Neofaschisten grünweiß-rot). Unter der fürsorglichen Aufsicht von B.s Stilberaterin Miti Simonetto hat der Parteichef das »Format« seiner selbst entwickelt: Zweireiher (vorteilhaft, um Variationen des Körpergewichts zu verbergen), die Dominanz verschiedener Blautöne (in der Farblichttherapie ist blau die beruhigende Farbe schlechthin), reichlich Make-up vor jedem öffentlichen Auftritt, die Haare dunkel gefärbt und akkurat in Form gebracht (man wird B. wohl eher geständig als ungekämmt erleben).

Will man die Kundschaft dazu bringen, mehr zu kaufen, muss man verhindern, dass sie sich enttäuscht fühlt. Daher gilt es, Erfolge in Erinnerung zu bringen, Misserfolge herunterzuspielen und nicht eingehaltene Versprechen vergessen zu lassen.[23] Um neue Kunden zu gewinnen, muss allerdings auch etwas Neues her. Und das wurde geliefert. Die Regierungsjahre schenkten

Bilder mit den Großen der ganzen Welt, während unvorhergesehene Ereignisse wie das Müllchaos in Neapel oder das Erdbeben in den Abruzzen Gelegenheit boten, neue Kompetenzen als Feuerwehrmann unter Beweis zu stellen.

12. Das Geschäft abschließen.

Im Jahr 1994 gewählt, 2001 triumphal wiedergewählt, 2006 nach einer überraschenden Aufholjagd knapp geschlagen und 2008 mit großer Mehrheit zum dritten Mal gewählt.

Wenn die Konkurrenz so weitermacht, kann der Verkäufer ganz beruhigt sein: Dann liegt seine Pensionierung noch in weiter Ferne.

6

Der Zelig-Faktor

Juni 2010. B. trifft in Brasilien ein und wirft sich gleich mit dem kanariengelben Trikot in Pose:»Der brasilianische Fußball ist mehr als Fußball, er ist Poesie.«Das zurzeit eher dunkle Azurblau der italienischen Nationalmannschaft, ihr blamables Ausscheiden bei der WM in Südafrika und die polemischen Debatten danach? Sind fern und verdrängt.

Dann sagt er zu Inácio Lula da Silva, dem linken Staatspräsidenten Brasiliens:»Wir kommen beide von ganz unten, aus der Welt der harten Arbeit.«Dass der eine der beiden ein milliardenschwerer Unternehmer ist und der andere tatsächlich Arbeiter war, scheint nicht mehr von Bedeutung zu sein.

Und er plaudert weiter:»Der Präsident hat mir gesagt, dass er seit 35 Jahren verheiratet ist, aber sein Blick hat etwas Schelmenhaftes.«Doña Marisa Letízia da Silva, *primeira-dama do Brasil,* aus Palazzago in der Provinz Bergamo gebürtig, wird vielleicht wenig erfreut über diese Andeutung gewesen sein. Doch die Bemerkung ist nicht ungeschickt: In einem sexuell freizügigen Land deutet man damit an, dass man auf der gleichen Wellenlänge liegt. Solche Szenen sind symptomatisch für B.s chamäleonhafte Fähigkeiten und treffen genauer als etwa der »Anschlag« der »Hyänen« einer brasilianischen Satiresendung bei eben jenem Besuch in São Paulo, die versuchten, dem Staatsgast auf offener Straße eine halb nackte Dame zuzuführen. Sie hatten nicht bedacht, dass B. immer mit Begleitschutz reist.[1]

Sich dem Umfeld anpassen und sich in den Gesprächspartner hineinversetzen zu können, ist eine Begabung, die in der Politik einfach verlangt wird. Die Fähigkeit, sich sogar in ihn zu verwandeln – wie Leonard Zelig in dem gleichnamigen Film von Woody Allen[2] –, ist jedoch seltener anzutreffen.

Der Drang, alles zu sein, um immer präsent zu wirken, zu Hause wie auch im Ausland: In der Einführung wurde dazu bereits eine Liste skizziert, aber sie ist natürlich noch zu verlängern. Macho bei Wladimir Putin. Kavalier bei Angela Merkel. Konservativer bei Georg W. Bush. Liberaler bei Barack Obama. Europäer in Brüssel, Euroskeptiker in London. Israelfreund in Jerusalem, Araberfreund in Kairo, Perserfreund in Teheran. Ein einfacher Mann bei Zapatero, ein Mann von Welt bei Sarkozy, den er in einem französisch-italienischen Mischmasch daran erinnert, wem er es zu verdanken hat, dass er die Italienerin Carla Bruni heiraten konnte: »*Moi je t'ai donné la tua donna*« (Ich habe dir deine Frau gegeben), was später diplomatisch in »*Tu sais que j'ai étudié à la Sorbonne*« korrigiert wurde – du weißt doch, dass ich an der Sorbonne studiert habe (was aber niemals der Fall war, wie wir bereits gesehen haben).

Familienvater bei den fünf Kindern (und zwei Ehefrauen, solange es hielt). Ein Nachtmensch unter Nachtschwärmern. Ein Jüngling unter Jugendlichen. Ein Weiser unter Senioren. Arbeiter unter Arbeitern. Unternehmer unter Industriellen. Fußballfan unter Fußballfans. Milan-Anhänger unter Milan-Fans. Lombarde unter Lombarden. Italiener unter Süditalienern. Neapolitaner unter Neapolitanern – einschließlich Gesangseinlagen.

Chamäleonhafte Fähigkeiten lassen sich erlernen. Aber um ein Meister zu werden, muss man schon eine besondere Veranlagung mitbringen. So wie es Woody Allens Zelig gelingt, die Identität der Menschen anzunehmen, mit denen er es zu tun hat, besitzt B. die seltene Gabe, sich je nach Situation und Zweckmäßigkeit den Erwartungen der Italiener anzupassen. Sein persönlicher und unternehmerischer Lebensweg ist eine Abfolge meisterhafter Interpretationen, ermöglicht durch »überschäumende Hyperaktivität«, ein »grenzenloses Selbstvertrauen« und das »Fehlen einer irgendwie gearteten selbstkritischen Haltung«.[3]

Das beweisen berühmte Bilder. In den fünfziger Jahren auf einem Kreuzfahrtschiff mit weißem Hut und dem Mikrofonständer schräg in der Hand wie ein echter Sänger; 1976 vor einem Modell der Trabantenstadt Milano 3 wie ein echter Bauunternehmer; 1978 während der Vorstellung seines Senders Canale 5 wie ein echter Medienunternehmer; 1980 mit Hut, weißem Anzug und Zigarette in einer Alain-Delon-Imitation wie ein echter Schauspieler; 1987, einen Artikel der Sportjournalistenlegende Gianni Brera in die Höhe haltend, wie ein großer Vereinspräsident; 1994 auf der Bühne von *Forza Italia* so biegsam wie ein echter Tänzer.[4]

Das anschaulichste Bild aus der vorpolitischen Zeit stammt aber aus der zweiten Hälfte der siebziger Jahre und hängt im Büro von Giuliano Molossi, dem Chefredakteur der *Gazzetta di Parma*. Es zeigt Silvio Berlusconi, der sich gerade bei der Mailänder Tageszeitung *Il Giornale* eingekauft hat, wie er neben dem großen alten Journalisten Indro Montanelli die Spanische Treppe in Rom hinunterschreitet. Die Unterschiede im Alter, in der Körpergröße, in Haltung und Kleidung scheinen den jüngeren der beiden nicht einzuschüchtern, dessen Stimmung so hoch ist wie sein Hemdkragen. B. zeigt sich hier ganz als der junge Verleger, der stolz darauf ist, einen Mann an seiner Seite zu haben, in dem er einen Meister sieht.

Nach dem Bruch der beiden, der auf B.s Einstieg in die Politik folgte, sprach Montanelli über seinen früheren Herausgeber mit einer Mischung aus Abscheu, Bewunderung, Ratlosigkeit und Furcht. »Berlusconi wollte sich mit mir treffen«, erzählte er einen Tag nach dem Erscheinen der letzten Ausgabe der von ihm mitgegründeten Tageszeitung *La Voce* Mitte der neunziger Jahre, »aber ich will nicht. Denn ich weiß doch: Er kommt die Treppe hoch, bricht vor der Tür in Tränen aus, umarmt mich und versichert mir, dass er ohne mich nicht sein kann. Und ich glaube ihm. Und er legt mich rein.«[5]

Montanelli hatte verstanden: Große Verkäufer und große Verführer sind deshalb so überzeugend, weil sie tatsächlich in jeder Situation fest davon überzeugt sind, das beste Produkt oder die meiste Liebe »im Angebot« zu haben. Darauf fallen viele herein – und bereuen es gewöhnlich später.

In neunundsiebzig Filmminuten wird Zelig alles Mögliche. Es ist eine psychosomatische Transformation, die ihn vervielfacht. Man sieht ihn als Republikaner unter Republikanern, Demokrat unter Demokraten, Aristokrat unter Aristokraten, als Arzt unter Ärzten, Gangster unter Gangstern, farbigen Musiker unter Farbigen, Chinesen unter Chinesen, als Rabbiner in der Synagoge, Tenor in der Oper und als Werfer auf dem Baseballfeld.

Wurde Zelig von einer neurotischen Unsicherheit angetrieben, so ist es bei B. mehr das fast pubertäre Verlangen, sich gleichzeitig als einer aus der Gruppe zu fühlen und Hauptfigur zu sein. Die Kleidung – jeder Fünfzehnjährige wird es bestätigen können – ist hier von größter Bedeutung. Und das bleibt sie das ganze Leben lang. Jeder Mensch zieht sich je nach Anlass anders an: Niemand geht in Grün zu einem mondänen Abend, es sei denn er wäre Soldat, Mitglied der *Lega Nord* oder Peter Pan. B. allerdings geht noch durchdachter vor, und seine Kleiderwechsel geschehen nie zufällig.

Dunkles Jackett/blaue Krawatte/helles Hemd ist der Dress für offizielle Anlässe (und gleichzeitig eine angenehm konformistische Botschaft), der Zweireiher, eine

Art Lebensversicherung. Der über die Schultern gelegte und über der Brust verknotete Pullover weckt Sommererinnerungen und ist in der ganzen Welt als ein italienisches Markenzeichen bekannt. Der Pullover, den er im Garten seiner Villa in Arcore trägt, verströmt saloppe Bürgerlichkeit, und das schwarze Hemd unter dem dunklem Jackett signalisiert Wladimir Putin, dass er eine anständige Abendunterhaltung organisieren soll.

Doch der Figuren, in die sich B. in den vielen Jahren seiner politischen Laufbahn schon verwandelt hat, sind noch viel mehr. Da hätten wir den Tony Manero aus *Saturday Night Fever*, der sich umringt von kubanischen Tänzerinnen hemmungslos auf der Tanzfläche austobt. Da wäre der zügellose Partyhengst (mit halb nackten jungen Mädchen in seiner Villa und einem früheren tschechischen Ministerpräsidenten, der sich ganz ohne Hüllen zeigt). Da wäre der Vater, der mit Sohn und Hund durch den Park des Anwesens in Arcore läuft (»Obwohl er Hunde und allgemein Tiere liebt, kommt es selten vor, dass sich der Cavaliere mit Tieren fotografieren lässt«, weiß die berlusconifreundliche Tageszeitung *Libero*).[6] Da ist das Leittier in weißer Joggingkleidung auf den Bermudainseln, im Kreis seiner Gefolgsleute Letta, Confalonieri, Galliani und Dell' Utri. Letzterer wird in seinem Tagebuch notieren: »Strengste Diät, spirituelle Übungen und tiefgründige Lektüre. Ergriffen lasen wir Werke von Platon und Francis Bacon.«

Beeindruckend ist auch B.s Kollektion von Kopfbedeckungen jeglicher Form, Größe und Farbe. Im Wer-

bematerial seiner Partei sieht man B. mit einer Art blau-
er Mao-Mütze zwischen den Kakteen seiner sardischen
Villa, mit einer Militärmütze im Irak, mit einer ganzen
Reihe verschiedener Helme (vor der Gaspipeline Blue
Stream, in einer Fabrik, auf einer Autobahnbaustelle),
mit einer Trommlermütze bei einer Parade, einem weißen Cowboyhut in Texas, einer Eisenbahnermütze im
Zug, einer Kippa bei einer jüdischen Zeremonie, einem
riesigen Kolpak in Russland und dem berühmt gewor-
denen Kopftuch, der Bandana, mit dem er im Sommer
2004 in Porto Rotondo die entgeisterten Tony und Cherie Blair empfing.

Abgesehen von der Bandana wurden solche Kopfbedeckungen immer schon von allen Staats- und Regierungschefs auf der ganzen Welt getragen. Doch Deng
Xiaoping mit einem Cowboyhut während seines Staatsbesuchs in den USA blieb doch ein chinesischer Spit-
zenpolitiker mit so einem komischen Ding auf dem
Kopf. Wenn Angela Merkel eine Fabrik besucht und dabei einen Helm trägt, ist und bleibt sie eine deutsche
Frau, die sich an die Sicherheitsbestimmungen hält.
Wenn Nicolas Sarkozy eine Eisenbahnermütze aufsetzt,
ist er nach wie vor der Hausherr des Élyséepalasts, der
sich milde zeigt und zu seinem Volk hinabsteigt. B. ist
da anders. Eine Kopfbedeckung und ein Fotograf rei-
chen, und er wird zum Cowboy in Dallas, zum Arbeiter
in der Fabrik, zum Eisenbahner im Hochgeschwindig-
keitszug. Und ist wahrscheinlich überzeugt, dass er ihn
auch perfekt zu steuern verstünde.

In der italienischen Politik hat der Begriff *trasformismo* (Wandlungsfähigkeit) keinen guten Klang. Er geht zurück auf das Jahr 1882, als sich Agostino Depretis, der Vorsitzende der liberalen Linken, mit den fortschrittlichsten Vertretern der Rechten verbündete. Einhundertdreißig Jahre später wird diese Bezeichnung wie eine Anklage eingesetzt. Wer *trasformista* genannt wird, gilt im Grunde als Verräter.

Der Versuch, sich anzupassen, beunruhigt in einem anpassungsfähigen Land wie Italien jedoch niemanden. Wenn der andere mir zu ähneln versucht, bedeutet das, dass ich ihm gefalle. Vor einem italienischen Publikum zieht B. selten das falsche Register. Er schmeichelt ihm, erobert es, verführt es – und geht dann wieder. In den Anfangsjahren seiner Finanzholding Fininvest hat er dieses Konzept einmal theoretisch auf den Punkt gebracht: »In der Arbeitswelt kommt es auf die Fähigkeit an, sich anderen anzupassen. Es sind nicht die anderen, die sich uns anpassen müssen.«[7]

B.s Auftritt bei einer Gruppe von Bauarbeitern im vom Erdbeben zerstörten Aquila, den auch die Kabarettistin Sabina Guzzanti in ihrem Film *Draquila* parodiert hat, ist die perfekte Demonstration dieser Methode. Der Ministerpräsident trifft ein, betrachtet die Gerüste, auf denen sich die Männer drängen, und ruft hinauf: »He, wo sind denn die Frauen? Sind hier alle schwul?« Dann fügt er hinzu: »Glückwunsch, eine phantastische Arbeit«, und schließt einige lobende Worte zum Wiederaufbau an. Bevor er sich zum Gehen wendet, kehrt er noch einmal zu seinem Anfangsthema zurück: »Wenn ich das nächste Mal komme, bring ich euch die Hostessen vom Sender mit!«[8]

Die Bauarbeiter protestieren nicht. Und sie schweigen auch nicht betreten und denken, der Ministerpräsident eines Landes sollte doch wohl etwas ernster sein, wenn er eine derart geprüfte Stadt besucht. Nein, sie lachen und applaudieren ihm. Befangenheit vor dem berühmten Mann? Höflichkeit gegenüber einem Gast? Nun, vielleicht doch eher die Übereinstimmung bei einer Neigung – der für junge Mädchen –, die den reichsten und mächtigsten Mann Italiens mit zwanzig Bauarbeitern, die vielleicht tausenddreihundert Euro im Monat nach Hause bringen, verbindet.

Wie könnte einen dieser Moment kalt lassen ... (Applaus – Rufe aus dem Publikum: Auf, Silvio, du schaffst es, Mut, Silvio, du bist unser Mann!
Das ist ein feierlicher Moment, ein großer Moment ...
(Aus dem Publikum: Silvio, zeig uns das Licht!)
Vielleicht braucht unser Land tatsächlich ein neues Licht, neue Hoffnung, Vertrauen ...
(Applaus)
Auf dem Weg hierher dachte ich, da ist ein Verrückter unterwegs, um sich mit anderen Verrückten zu treffen ...
(Applaus – Rufe aus dem Publikum: »Silvio, *Forza Italia!!!* Sonst müssen wir aus Italien fort!«)
Nein, nein, das glaube ich nicht ... (Applaus) ... *ich glaube, dass wir in diesem Land, unserem Italien, bleiben werden. Aber wir haben beschlossen, hier als freie Männer zu bleiben!*
(Applaus)

Nun, als ich an diese verrückte Idee dachte, die uns alle hier angesteckt hat und noch viele mehr überall im Land, ja, da dachte ich, dass sich wieder einmal das bewahrheitet hat, was ich im Vorwort zu einem wunderbaren Buch, dem Lob der Torheit *von Erasmus von Rotterdam, geschrieben hatte. In diesem Vorwort sagte ich: ›Was mich an Erasmus fasziniert hat, war insbesondere die zentrale These über Torheit als lebenswichtige, schöpferische Kraft: Wahre Weisheit liegt nicht in einem rationalen Herangehen, das zwangsläufig auf die bekannten Rezepte beschränkt bleibt, sondern in einer klarsichtigen, visionären Verrücktheit.‹*

(Applaus)

Rom, 6. Februar 1994

B. bedient sich einer syntaktisch einfachen Sprache. Und sagt klar, was er will. Nicht zu teilen scheint er Nietzsches Einschätzung, wonach derjenige, »der vor der Masse als tiefsinnig erscheinen möchte, sich mühen muss, im Vagen zu bleiben« – so wie es Generationen von italienischen Politikern vor B. getan haben. Wie Edmondo Berselli schreibt, verwendet er seit jenem ersten großen Wahlkampfauftritt am 6. Februar 1994 »ein zusammengesetztes Italienisch, ein Pastiche aus Antikem und Ultramodernem, aus Komplexem und Einfachem, aus Verkaufsphilosophie und kontinuierlicher *captatio benevolentiae*.« Worauf es ankomme, sei nur, dass »es funktioniert und sein Publikum sich angesprochen fühlt«.[9]

Viele Jahre später können wir feststellen, dass es gut funktioniert hat. B. erzählt den Leuten, was sie hören wollen, und das mit Worten, die sie gern hören und die ihnen vertraut sind. Das ist auch der Grund, weshalb er je nach Publikum seine Sprache ändern und auf einen anderen Code zurückgreifen muss.

DER ANTIQUIERTE CODE

B. liebt veraltete Ausdrücke, die geradezu zu seinem Markenzeichen geworden sind, ein verstaubtes, teils literarisches Vokabular, das auch manche Fernsehmoderatoren wie Paolo Bonolis gern einsetzen, um gebildet zu erscheinen. Ein Wort wie *facinoroso* für ruchlose Gewalttäter zum Beispiel, das B. häufig benutzt, hört man sonst von niemandem mehr. Zu B.s Lieblingsvokabeln zählen auch die angestaubten Adjektive *obsoleto* (obsolet), *liberticida* (freiheitsgefährdend), *consono* (gemäß) und *esteticamente plaudibile* (ästhetisch begrüßenswert). Klassiker sind mittlerweile all seine Wendungen mit *mi consenta* (erlauben Sie mir …) und der Gebrauch des historischen Perfekts *passato remota*, was sich bei einem Norditaliener wie B. ganz unnatürlich anhört.

In den zwei Fernsehduellen mit Romano Prodi vor der Parlamentswahl von 2006 attestierte B. seinem Gegner, *tesi bislacca* (verschrobene Ansichten) zu vertreten und *frottole* (Lügenmärchen) zu erzählen; er warf ihm *spudoratezza* (Schamlosigkeit) und *adulterazione della realtà* (Realitätsentstellung) vor; frühere Ministerpräsidenten bezeichnete er steif juristisch als *danti causa* (Rechtsvorgänger), und Francesco Rutelli, Kulturminister unter Prodi, beschuldigte er empört, sich *ignobilmente* (schändlich) verhalten zu haben. Irgendwann griff er ganz tief in die Mottenkiste und holt das Adjektiv *bieco* (arglistig) hervor. Wer würde jemals, wenn er wütend ist, sein Gegenüber anbrüllen: »Du bist arglistig!« Die einzige mögliche Antwort wäre in diesem Fall: »Flegel! Ich fordere Euch zum Wettstreit!«[10]

Im Jahr 2007 machte B.s Ehefrau Veronica Lario Berlusconi in einem offenen Brief an die Tageszeitung *La Repubblica* ihrem Herzen Luft. »Mit diesem Brief reagiere ich auf das Verhalten meines Mannes, der sich beim Galadinner im Anschluss an die Verleihung der Fernsehpreise *Telegatti* gegenüber einigen jungen Damen zu Bemerkungen hinreißen ließ, die für mich einfach nicht mehr hinnehmbar sind.« B. antwortete ihr mit einem Vokabular aus dem 19. Jahrhundert, wie es ihm wohl für seine konservative Wählerschaft angemessen erschien, die sich an seinem Ruf als vielfacher Ehebrecher doch hätte stören können: »... ich habe mich ungebärdig benommen ...«, schreibt er, »...ich bin ein Mann stolzen, aber auch heiteren Sinnes ..., ... so kann es geschehen, dass mir in einer Laune des Moments eine unbekümmerte Bemerkung über die Lippen kommt, ein galantes Kompliment, eine sorglose Bagatelle ...« Ach, die kleine Welt der guten alten Zeit – auch wenn es damals noch keine »Telegattis« zu verleihen gab.[11]

DER STADION-CODE

Mit dem Fußballjargon ausgerüstet, betritt B. die politische Bühne. Diese Sprache ist populär, für alle verständlich und erinnert an die jüngsten Erfolge des Vereins, dessen Präsident er ist. Seinen Einstieg in die Politik nennt er *discesa in campo* (das Einlaufen ins Stadion), er spricht von »Teamgeist« und »Mannschaftsspiel«. Um die rot-schwarzen Grenzen seines AC Mailand zu überwinden, wählt er den Begriff *azzurri* (Nationalspieler) für die Kandidaten und Unterstützer seiner Partei *Forza Italia*. Er geht nicht so weit, sich selbst Präsident, Trainer oder Kapitän der neuen Partei zu nennen, aber man spürt, dass er sich so sieht. Leonardo, der nach einer guten Saison im Sommer 2010 geschasste brasilianische Trainer des AC Mailand, fasste es so zusammen: »Ausschlaggebend für meinen Weggang waren die Unvereinbarkeit unserer Ansichten sowie Probleme mit seinem Stil. Narziss gefällt nur, worin er sich spiegeln kann (...). Ich weiß auch nicht, warum er so viel über mich redet.[12]

DER KABINEN-CODE

Während des Wahlkampfs 2001 erzählt B. einen Witz über einen Homosexuellen mit Aids im Endstadium, dem Sandbäder empfohlen werden, um sich auf die »Zeit unter der Erde« vorzubereiten. Diese Art Humor, sofern man hier überhaupt von Humor reden kann, und das Vokabular entstammen der Männerumkleidekabine, wo man für Feingefühl wenig Sinn hat. Dennoch kann es vorkommen, dass in der Kabine nachdenklichere Töne angeschlagen werden und B. Worte findet, die man von einem Mourinho wahrscheinlich nicht hören würde. »Nachdem, was 1994 passiert ist, wird es schwierig sein, eine Einigung mit Bossi zu fin-

den. Es bestünde die große Gefahr, dass man später mit
Recht sagt: Was ist dieser Berlusconi für ein Idiot.«[13]

DER VATERLÄNDISCHE CODE

Die »Lobsänger des Vaterlandes« wie zum Beispiel der
Journalist Mario Appelius im faschistischen Italien der
zwanziger und dreißiger Jahre haben ein besonderes
Vokabular geschaffen. Wenn B. will, und das kommt
häufig vor, versteht er es auch, auf dieser Tastatur zu
spielen. Dabei bringt er Melodien hervor, die einigen
grotesk erscheinen mögen, vielen aber ans Herz gehen.
Roberto Tartaglione hat für seine italienische Sprach-
schule in Rom einige dieser immer wiederkehrenden
Wendungen gesammelt (kursiv die Berlusconi-Zitate):

»Das Bild Italiens (*wir Italiener sind ein echtes Rätsel für
unsere Freunde im Ausland*) wird durch eine einfache, aber
wirksame Sprache dargestellt: ein Land mit *friedlichen,
fleißigen Städten, betriebsamen Baustellen,* einer *wunderbaren mediterranen Intelligenz,* ein *unsinkbares Land,* wo *die
Frau Dreh- und Angelpunkt der Familie ist* und die Jugendlichen, *unsere Jugendlichen* sind, die *Söhne Italiens,* denen
man eine sichere Zukunft bieten muss, ein Land, in
dem es keine Armen gibt, keine Arbeitslosen oder Be-
hinderten, sondern nur *Menschen, die weniger Glück haben,*
bedürftig sind oder einfach *noch nicht mithalten* konnten.[14]

DER FUTURISTISCHE CODE

Das Wort, das B. neben »Protagonist«, »modern« und »Wettbewerb« mit Abstand am meisten liebt, ist »Zukunft« in den verschiedensten Wendungen: die Gestaltung der Zukunft, die Sicherung der Zukunft, die Zukunft verteidigen, mit Vertrauen in die Zukunft schauen, der Zukunft zugewandt, eine Zukunft, die unserer Vergangenheit würdig ist. Vonseiten des einzigen europäischen Regierungschefs, der vor dem Zweiten Weltkrieg geboren wurde, eine ungewöhnliche Wortwahl. Bleibt die Frage, ob es sich dabei um Weitblick oder Marketing handelt.

Der Zelig-Faktor hat noch einen Nebeneffekt: B. will nicht nur alles sein, sondern ist tatsächlich überzeugt, alles zu können. Auch hier bedient er ein altes Klischee: Italienern ist es peinlicher, Inkompetenz in einer Sache zuzugeben als Unehrlichkeit.

Bausektor, Finanzwesen, Zeitungsmarkt, Handel, Werbung, Vertrieb, Fußball, Film, Fernsehen: Auf all diesen Gebieten hat B. sich auch versucht, bevor er in die Politik einstieg. Dabei zeigte er Kreativität und Entschlossenheit und nutzte, wie es gerade vorteilhaft war und im Lande üblich ist, Freundschaften, Listen und Schleichwege. So erfolgreich war er damit, dass es durch Freundschaften, Listen und Schleichwege allein nicht mehr zu erklären ist. Sein Wohnkomplex Milano 2 ist tatsächlich ein Beispiel für moderne Stadterweiterung, Mediaset war dort erfolgreich, wo andere TV-Unternehmen, die nicht weniger skrupellos vorgingen, ge-

scheitert sind, und der AC Mailand wurde mehrfach
Europapokal- oder Champions-League-Sieger, Wettbe-
werbe, in denen mit Freundschaften allein wenig auszu-
richten ist.

Die Überzeugung, über eine nahezu universelle
Kompetenz zu verfügen, hat B. im Laufe seines Lebens
dazu ermuntert, sich noch mit zahllosen anderen Din-
gen zu beschäftigen: von der Einrichtung der Firmen-
büros bis zur Kleidung der Mitarbeiterinnen, von der
Anordnung des Blumenschmucks bei Staatsbesuchen
bis zur Ausarbeitung der Fernsehprogramme. Der Fern-
sehjournalist Enzo Biagi schrieb einmal: »Hätte er auch
nur einen leichten Ansatz von Busen, würde er sich als
Ansagerin einstellen«.[15] Auch das ein typisch italienischer Charakterzug: Der Wunsch, sich nützlich zu machen, verbunden mit der Illusion, sich auszukennen,
treibt uns zu waghalsigen Unternehmungen, bei denen
Altruismus und Exhibitionismus ein interessantes Pär-
chen bilden.

Wird Haiti von einem Erdbeben heimgesucht,
schickt B. seinen Feuerwehrmann Guido Bertolaso hin,
so wie unsereins seinen Klempner zu einem Freund
schicken würde, der irgendwelche Probleme im Bad
hat. Geht Russland in Flammen auf, stellt B. Präsident
Medwedjew die italienische Feuerwehrflugstaffel zur
Verfügung und gestaltet die Initiative wie einen persönlichen Gefallen. Dieser fieberhafte Vitalismus wird zu
einem Multiplikator seiner Identität. Der Zwang zu
handeln – das *ghe pensi mì* (»Jetzt kümmere ich mich
darum), das er einmal bei der Rückkehr von einer län-
geren Auslandsreise[16] äußerte, ist mehr als ein Spruch.

Es ist ein Bekenntnis und paart sich mit dem Verlangen, seinem Gegenüber zu gefallen, indem man in dessen Rolle schlüpft. Das hat schon zu denkwürdigen Auftritten geführt.

Bei einer Versammlung des Verbandes selbständiger Landwirte im Jahr 2009 wollen ihm die Veranstalter die Qualität eines Produkts beweisen und bieten ihm Mortadella zum Probieren an. B. greift sich das ganze Tablett, steigt die Bühne hinunter und macht sich daran, die Anwesenden wie ein Kellner zu bedienen.[17] Als im Jahr 2010 der Spot *Magic Italy* (sic!) vorgestellt wird, wem gehört da die Stimme des Erzählers, der die Schönheiten unseres Landes beschreibt? Ihm. Hatte B. vielleicht vor, nach den Aufgaben des Wirtschafts- und Entwicklungsministers nun auch noch die des Tourismusministers mit zu übernehmen? Nein, er war einfach nur überzeugt, als der im Ausland bekannteste und beliebteste Italiener für diese Rolle wie geschaffen zu sein. Eigentlich dachte man, es sei schier unmöglich, sich hierbei laienhafter als Francesco Rutelli[18] vom Mitte-Links-Bündnis anzustellen, der den ersten Spot dieser Reihe gesprochen hatte. Aber B. hat es versucht und damit bewiesen, dass der Narzissmus in Italien in beiden politischen Lagern ähnlich stark vertreten ist und sich häufig umgekehrt proportional zum erzielten Ergebnis verhält.

Massimo Giannini schreibt in seiner Untersuchung: »Man findet kein privates Laster und keine öffentliche Tugend, keine kulturelle Charaktereigenschaft und keine populäre Moralvorstellung, die Berlusconi nicht gleichzeitig vorwegzunehmen und zu verstärken gewusst hätte, in einem schwindelerregenden, zuweilen mysteriösen Spiel von Spiegeln, bei dem sich zum Schluss immer schwieriger erkennen ließ, wer nun was reflektiert.«[19]

Und beim *Corriere della Sera* fragt man sich: »Ist tatsächlich das Verhalten des Cavaliere der Grund für die mangelnde Ernsthaftigkeit, ja, sprechen wir es ruhig aus, Vulgarität, die die aktuelle politische Lage Italiens kennzeichnet? Oder sind nicht viel mehr bestimmte Charakterzüge Berlusconis nur ein, wenngleich übertriebener Ausdruck einer allgemeineren Transformation, von der unsere ganze Gesellschaft betroffen ist?«[20]

Um es noch einmal zuzuspitzen: Ist es richtig, sich über B. zu ereifern, wenn er doch nur die Verhaltensweisen der neuen Italiener imitiert, an denen wir uns stören?

Nun, von Schuld freisprechen können wir ihn nicht, denn schließlich steht er an der Spitze des Landes und hat die Aufgabe, uns eine klare Richtung vorzugeben. Häufig aber vermittelt B. den Eindruck, sich eher nach Moden zu richten, nach Stimmungen, schlechten Angewohnheiten. An lustig verpackte Aufforderungen B.s zu mehr Steuerehrlichkeit kann man sich in Italien nicht erinnern, wohl aber an solche zu Wollust und anderen großen Lastern.

Unsere nicht immer rühmlichen Instinkte ansprechen und uns dann beruhigen, indem er uns imitiert. So könnte man B.s Vorgehen umschreiben.

Manche behaupten, dass es B. sogar noch geschickter anstellte. Durch sein kommerzielles Fernsehen habe er diese Instinkte gefördert und auf diese Weise erreicht, dass sich bald auch das öffentlich-rechtliche Fernsehen an diesem Modell orientierte. Dass er das alles so geplant habe, wirft ihm natürlich niemand vor. Niemand glaubt, B. habe Ende der siebziger Jahre beschlossen, Millionen neuer Italiener zu formen, damit sie ihn dann fünfzehn Jahre später zum Regierungschef wählen.

Schon allein weil er dann nicht Zelig wäre, sondern der Beelzebub.

7

Der Harem-Faktor

Wissen Sie, wenn ein Italiener loslegt ...
Philip Roth, *Zuckermans Befreiung*

Casoria am nördlichen Stadtrand von Neapel. Ein
Sonntagabend im April. B. trifft bei der Geburtstagsfeier
einer Achtzehnjährigen ein. »Überraschung!«, ruft die
Mutter des Geburtstagskindes. Bei gedämpftem Licht
betritt er den Saal.

Der Auftritt einer Hauptfigur. Es reicht ihm nicht,
dies nur bei den Anlässen zu sein, wenn ein Regierungschef beklatscht und mit allen Ehren empfangen wird.
Denn er weiß, dass hinter diesem Beifall Gewohnheit
steckt und hinter den Ehrenbekundungen Heuchelei.
In der Villa Santa Chiara aber, einem Veranstaltungsort
für Empfänge gleich beim Autobahnring, ist das Staunen in den Augen der Anwesenden echt. Hätte er nach
biblischem Vorbild bei geschlossenen Türen seinen Ein-
zug in den Saal halten können, wäre ihm das sehr recht
gewesen.

»Ich nenne ihn *Presidente*, aber manchmal rutscht mir

auch ›Papi‹ raus«, wird das Geburtstagskind, das Noemi Letizia heißt, später sagen. Das Hauptaugenmerk von Signora Berlusconi konzentriert sich auf diese Seite der Affäre: »Ich kann nicht mit einem Mann zusammen sein, der sich mit Minderjährigen trifft!« Die Nachrichtensendungen im öffentlichen und privaten Fernsehen schweigen mit wenigen Ausnahmen. Die Illustrierten beschäftigen sich mit den mondänen Aspekten der Angelegenheit. Nur einige Tageszeitungen machen auf Widersprüche aufmerksam.

Es stimmt nicht, dass der Ministerpräsident, wie er behauptet, Noemi »nur im Beisein der Eltern« gesehen hat. Das Mädchen ist bei einem Abendessen in der römischen Villa Madama im Kreis von Unternehmern aus der Modebranche fotografiert worden, denen man sie als »Volontärin, die Tochter sehr guter Freunde aus Neapel« vorgestellt hat. Und sie war Gast in B.s Villa Certosa auf Sardinien, zusammen mit weiteren etwa dreißig jungen Mädchen. Es stimmt auch nicht, dass ihr Vater, Benedetto Letizia, »ein alter Sozialist und Chauffeur von Craxi« war (Bobo Craxi, der Sohn des früheren PSI-Parteichefs: »Der Chauffeur meines Vaters hieß Nicola, er stammte aus dem Veneto und ist tot«). Dem früheren Freund Noemis zufolge soll die Bekanntschaft zu B. auf andere Weise zustande gekommen sein. Danach hat Noemi dem Nachrichtenchef von Berlusconis Rete 4, Emilio Fede, für eine Anstellung als *meteorina* – die nach den Nachrichten den Wetterbericht vorliest – vorgesprochen, und danach fiel B. ihr Foto in der Bewerbungsmappe auf.[1]

Skandalös? Vielleicht. Bizarr? Mit Sicherheit. B.

taucht bei einer Privatfeier in einem Außenbezirk Neapels auf, mobilisiert seine Eskorte, wirft seine Termine über den Haufen und kann nicht darauf bauen, dass niemand Wind davon bekommt. Das Staunen über ein Wunder – der mächtigste und reichste Mann Italiens auf der Geburtstagsfeier eines Teenagers aus Casoria –, das ist die Versuchung, der B. nicht widerstehen konnte. Einen Roman wie den *Großen Gatsby* muss man lesen, um solche Vorgänge zu begreifen, nicht die Abhandlung eines großen Gelehrten wie vielleicht Gaetano Salvemini.

Aber das ist es nicht allein. Für viele italienische Männer hat die Affäre etwas Beruhigendes. Sie erlaubt private Illusionen und verschwiegene Rechtfertigungen. Wahrscheinlich nicht wegen eines Verhältnisses – es gibt nur wenige Teenager, die sich mit einem Siebzigjährigen einlassen würden –, jedoch für eine nächtliche Versuchung, eine Sehgewohnheit im Fernsehen, den Blick auf eine Gruppe junger Mädchen, die vor einer Schule zusammenstehen. In dieser Angelegenheit hat B. wenige Fürsprecher gefunden. Aber viel verlegenes Schweigen – und das reicht ihm.

Theoretisch hätte B. auch an Johann Wolfgang von Goethe erinnern können, der sich im exakt gleichen Alter (72 Jahre) in die siebzehnjährige Ulrike von Levetzow verliebte und ihr ein berühmtes Gedicht, die »Marienbader Elegie«, widmete (»Nun bin ich fern! Der jetzigen Minute, was ziemt denn der? Ich wüßt es nicht zu sagen. Mich treibt umher ein unbezwinglich Sehnen ...«). Und die holde Magd war empfänglich für seine Aufmerksamkeiten, war angezogen vom Erfolg dieses berühmten Mannes, dessen Hausdiener heimlich die Haare seines Herrn verkaufte.[2] Aber tatsächlich wäre es für B. nicht so einfach, sich auf den berühmten Vorgänger zu berufen. Noemi ist nicht Ulrike, Casoria ist nicht Marienbad, Goethe schrieb nicht für das Klatschmagazin *Chi*, und im Palazzo Grazioli wachsen die Haare zu spärlich, als dass das Hauspersonal ein gutes Geschäft damit machen könnte.

B.s Besessenheit vom weiblichen Geschlecht (nur von einer »Schwäche für Frauen« zu reden, wäre euphemistisch) zu entschlüsseln, ist wichtig. Denn nur so lässt sich verstehen, wieso ihm der Harem-Faktor nicht nur nicht geschadet hat, sondern ihm sogar weiterhin nützt, politisch wie psychologisch.

Offenbar spielen bei dieser unendlichen Leidenschaft – öffentliche Auftritte ohne sexuelle Anspielungen oder zumindest eine galante Bemerkung sind bei ihm selten – eine Reihe von Elementen zusammen: das Streben nach Jugendlichkeit, ein echtes Interesse an Frauen, männlicher Stolz, Schönheit als Ware und sexuelle Laster natürlich – soweit das noch möglich ist.

Beginnen wir mit dem Streben nach Jugendlichkeit: eine Schwäche der westlichen Welt, in der die Menschen immer älter werden, nicht nur eines Italieners, der 1936, im Jahr XIV des Faschismus, geboren wurde. Der Mann ist kein Dorian Gray, auch wenn er sein Fernsehen als Gemälde benutzt. Der Jugendwahn, für Werbetreibende ein Geschäft, ist für B. ein Halt. Die Gesellschaft Gleichaltriger, einige wenige Freunde ausgenommen, stimmt ihn traurig, während ihn ein Hof junger Frauen[3] so glücklich macht wie den Helden eines Epos aus dem 14. Jahrhundert. Auch darin ähnelt der Regierende den von ihm Regierten. Väter, die den Freundinnen ihrer Töchter den Hof machen, und Mütter, die sich wünschen, mit ihren Töchtern verwechselt zu werden, sind ein italienischer Klassiker.

Es gibt viele Möglichkeiten, sich die Zeit zu vertreiben. Manche sind da eher fürs Nachtleben als fürs Meditieren zu begeistern. Oktober 2008, Diskothek *Lotus* in Mailand: Um zwei Uhr nachts trifft B. dort ein und bleibt fünf Stunden lang. »Wenn ich drei Stunden schlafe, habe ich genug Energie für drei weitere Stunden Sex«, sagt er am Eingang. »In einer Stunde muss ich zur Arbeit, aber ich fühle mich frisch. Dabei war ich vorher noch bei der *Nuit Blanche* in Paris (Paris, durchgehend geöffnet), aber dann hat mich ein Freund zu diesem Fest hier eingeladen, und da konnte ich nicht widerstehen«, erklärt er am Ausgang.[4] Warum tut er das? Die Antwort darauf erhielt vielleicht Ferruccio de Bortoli, der ihn gefragt hatte: War es richtig, an Noemis Fest in Casoria teilzunehmen? Und B. antwortete: »Würde ich nicht mehr an solchen Veranstaltungen teilnehmen, wäre ich nicht mehr ich selbst.«[5]

Diese innere Unruhe ist gesellschaftlich verbreitet, menschlich verständlich, politisch hinnehmbar. Viele Männer werden davon abgehalten, ihr nachzugeben, durch Moralvorstellungen, ihre eigenen oder fremden, durch ihre Ehefrauen oder durch Erschöpfung. Er nicht: B. verfügt über ein Selbstbild, das an D'Annunzio erinnert und dem ein Gespür für Peinlichkeiten fremd ist. »Signorina, Sie brauchen sich keine Gedanken zu machen, ich bin wieder Single«, sagte er während des offiziellen Mittagessens in Sofia, wo er sich zur Einweihung einer Reiterstatue Garibaldis aufhielt, im Beisein des bulgarischen Ministerpräsidenten Boyko Borisov zu einer Tänzerin. »Geht hinaus und sprecht mit den Leuten, dem Pfarrer, dem Arzt, dem Apotheker ..., ich verfüge übrigens über sehr gute Beziehungen zu Apothekern, aber nicht, weil ich bei denen Viagra kaufen würde, das brauchen wir nicht ...«, forderte er seine Kandidaten für die Wahlen 2008 auf. »Wir« – eine Einladung zur Komplizenschaft an alle männlichen Wähler.[6]

Frauen hingegen bittet man um ihre Telefonnummer, macht ihnen ein Kompliment, wenn sie sich herausgeputzt haben (auch wenn sie Michelle Obama heißen), legt ihnen nahe, sich auf reifere Männer einzulassen, flüstert ihnen zu, dass man sie heiraten würde. So wie Mara Carfagna, was – wie wir gesehen haben – seine Ehefrau Veronica mächtig erzürnte.[7] Man könnte diese Episode als das Missgeschick eines Gockels abtun, den die Glucke gerupft hat, weil er vor den *telegatti*, den Fernsehmiezen, den Pfau gespielt hat (ein weiterer Beweis, dass Italien ein Zoo ist). Doch die Angelegenheit ist noch faszinierender und komplizierter.

B. steht für ein Land, in dem man immer schon zu abgenutzten Flirtsprüchen und einer fortwährenden Erregung, aber auch zu ehrlicher Wertschätzung des weiblichen Geschlechts neigte. Ein Italiener sieht andere Menschen nicht nur, er betrachtet sie. Trägt dieser Mensch einen kurzen Rock und eine enge Bluse, wird der Blick noch aufmerksamer. So ein Blick kann lästig oder angenehm sein, kommt auf die Augen und die Situation an. Man frage B.s Wähler oder auch seine eingefleischten Gegner: Wenn sie ehrlich sind, werden sie zugeben, dass dieser Mann lediglich in ein Mikrofon spricht, was Millionen andere Männer an der Theke auch flüstern. Das kommt an, denn Dreistigkeit verwandelt sich, wenn Mächtige sie sich erlauben, in Spontaneität.

Schön und gut, wird der eine oder andere einwenden, das mag die Komplizenschaft der Italiener erklären. Aber wie erklärt sich das Wahlverhalten der Italienerinnen?

Zunächst einmal muss man feststellen: Frauen sind hierzulande daran gewöhnt, in diesem Meer zu schwimmen. B.s Blick ist nicht anders als der von Heranwachsenden, von Werbeprofis oder eben von vielen Männern auf der Straße. Fast alle Frauen reagieren da nachsichtig, manche fühlen sich auch geschmeichelt. Sie denken nicht daran, dass solche Blicke häufig – nicht immer – Ausdruck ihrer Benachteiligung sind. Frauen in Italien finden schwerer einen Job, werden schlechter bezahlt, seltener befördert als ihre männlichen Kollegen. Bis zu einem gewissen Alter glauben viele Frauen sogar, in diesem Spiel gewinnen zu können. Aber gegen die Bank haben sie auf lange Sicht keine Chance. Es kann höchstens etwas länger dauern, bis sie verlieren.

Es gibt noch ein weiteres Element. B. – Sultan und Cavaliere, Kenner und Bewunderer – ist neugierig auf Frauen. Häufig kommentiert er Details ihres Make-ups, ihrer Kleidung oder Accessoires. Oder er mischt sich in Dinge aus der Intimsphäre ein – zuweilen auch ohne sexuelle Absichten. Das kam schon zu seinen Zeiten als Fernsehmacher vor. Die Showmasterin Lorella Cuccarini erinnerte sich anlässlich ihres fünfundzwanzigjährigen Bildschirmjubiläums: »Und wenn man bedenkt, dass Berlusconi anfangs an meinen Brüsten herumgemäkelt hat. Er meinte, ich sei die Einzige unter seinen weiblichen Stars, die nicht die Oberweite vorweisen kann, wie sie ihm gefällt.« Das war am 24. Juli 2010 die am häufigsten angeklickte Meldung auf Corriere.it. Offensichtlich interessieren sich die Leute für die Einschätzung ihres Regierungschefs – allerdings nicht zu den geplanten wirtschaftlichen Maßnahmen, sondern zu den Maßen einer Fernsehfrau.

B.s Aufmerksamkeit gilt aber nicht nur jungen Frauen, obgleich sie in seiner Gunst vorne liegen. Hier einige Beispiele:

B. verspricht der dreiundsiebzigjährigen Signora Anna, einem Opfer des Erdbebens in den Abruzzen, ein neues Gebiss (eine Meldung, die von der wichtigsten Nachrichtensendung Tg 1 gebracht wird, ohne darauf einzugehen, dass es sich bei den beiden Protagonisten um Gleichaltrige handelt).

B. verlässt unversehrt die Bühne, nachdem er seine Anhängerinnen mittleren Alters als »Abteilung Menopause« bezeichnet hat (einige Frauen haben sogar applaudiert).

B. tätschelt seine Bildungsministerin Mariastella Gelmini und sagt: »Du bist du so schön! Du siehst aus wie ein kleines Mädchen.«

B. macht der Präsidentin der Arbeitgeberorganisation *Confindustria* unpassende Komplimente: »Als sie mich gestern Abend im Palazzo Chigi aufsuchte, hat sie mir ein Mitarbeiter mit den Worten ›Ein Showgirl möchte Sie sprechen‹ angekündigt.«

Bei der Parade zum Nationalfeiertag am 2. Juni, dem Fest der Republik, begeistert sich B. unübersehbar für eine Krankenschwester vom Roten Kreuz.[8]

Aus Varallo Sesia schrieb mir ein Leser meines Internetforums: »Ich bin jetzt achtzig und war früher Kellner auf einem Kreuzfahrtschiff der *Costa Crociere*. Während meines Dienstes bei Festen im großen Saal hatte ich Gelegenheit, den jungen Berlusconi ganz gut kennenzulernen. Er war nicht nur ein guter Sänger, sondern auch ein sympathischer Unterhalter, vor allem im Kreis von Frauen. Ich freue mich, wenn ich heute von seinen Erfolgen als Unternehmer und Politiker lese. Versuchen Sie also bitte, wenn möglich, ihn etwas besser zu behandeln.«[9] Ich habe geantwortet: Einverstanden, aber nur unter einer Bedingung: Wenn Sie das nächste Mal in Mailand sind, erzählen Sie mir ausführlicher, wie das damals war mit dem jungen Silvio auf dem Kreuzfahrtschiff. Hat er damals schon schönen Frauen einen Platz im Kabinett angeboten?

Eine Rolle spielt natürlich auch der männliche Stolz, ein archaisches, »präpolitisches« Gefühl, das sich in Italien gehalten hat (und im übrigen Europa häufig verschleiert wird): ein junges Mädchen als Begleiterin, Unterhalterin, ständige Bewunderin, faszinierte Augenzeugin, schlanke Trophäe.

Wie ist zum Beispiel Federica Gagliardi, 28, auf dem G-20-Gipfel in Toronto gelandet, wo sie sich mit Obama und Sarkozy hat fotografieren lassen? Im *Corriere della Sera* liest man dazu: »Aus der italienischen Delegation erhielten wir die Antwort, dass die junge Dame Berlusconi während des Wahlkampfs der Gouverneurin der Region Latium kennengelernt habe. Und dass sie ihm gegenüber den Wunsch äußerte, einmal an einem Staatsbesuch teilnehmen zu dürfen, ein Wunsch, den man ihr habe erfüllen können, weil eine Sekretärin des Ministerpräsidenten unabkömmlich gewesen sei.«[10] Eine surreale Antwort, doch das Publikum lächelt und gibt sich damit zufrieden.

Klassische Flirtrituale, die in anderen Kulturen mittlerweile umstritten sind, halten sich hartnäckig in Italien. »Komplimente sind immer angebracht, wenn man einem jungen Mädchen den Hof macht. Sie sollten aber einen wahren Kern treffen. Und in der Politik und im Geschäftsleben müssen Sie es genauso machen«, hat B. den Jungunternehmern des Verbands *Confindustria* erklärt und ihnen zur Erläuterung einen Vers von Tagore als Verführungstechnik empfohlen: »Die Träume entfliehen deinen dunklen Augen wie die Schwalben im Frühling ihrem Nest ... Aber mit Vorsicht anzuwenden«, fügte er hinzu.[11]

Weibliche Eroberungen, tatsächlich erfolgt oder nur glaubhaft vermittelt, sind Verdienstmedaillen und Marketinginstrumente. Eine Freundin aus der Türkei in Jugendjahren, von der er einer türkischen Delegation erzählt, kommt in Istanbul gut an, hervorgekehrte Bekanntschaften mit jungen Französinnen sollen den Verstimmungen zwischen Rom und Paris entgegenwirken. (»In Frankreich bin ich äußerst beliebt. Wenn ich nur überlege, wie viele französische Freundinnen ich schon hatte!«)[12] All das wird scherzend von sich gegeben, sodass immer ein Notausgang offen bleibt. Man hat den Eindruck, dass diese Bemerkungen gleichzeitig populär und ehrlich sind: Italienische Männerherzen kämpfen gegen die gleichen Versuchungen.

In der öffentlichen Darstellung seiner Ehe hat B. sich, solange es möglich war, konservativer zu geben versucht: An Fotos mit Ehefrau und Kindern mangelt es nicht. Und er hat sogar etwas Ehrlichkeit in der Heuchelei aufblitzen lassen. »Ich werde ihnen eine schelmische Antwort geben: Ich war häufig treu«, erklärte er während des Wahlkampfs 2006 in einem Radiointerview, in dem er auch ein Keuschheitsgelübde ankündigte[13], das für den Wahlsieg hilfreich sein sollte (den er dann um 25 000 Stimmen von 38 Millionen verpasste[14]). Ein vorübergehendes Gelübde natürlich nur. Wie jemand, der zwischen den Mahlzeiten fastet und erwartet, damit abzunehmen.

Manchmal rutscht B. auch richtig aus, lässt sich zu sehr unglücklichen Äußerungen hinreißen, wiederholt sich, doch man hat den Eindruck, dass ihm dann eher ein Mangel an Phantasie als fehlendes Taktgefühl angelastet wird. Im Mai 2009 besuchte er das vom Erdbeben zerstörte L'Aquila, unter anderem in Begleitung von Lia Beltrami, einer Lokalpolitikerin aus der Provinz Trento, die er irgendwann fragte:»Darf ich die Signora ein bisschen betatschen?«. Im Juni 2010, beim Besuch der Telematik-Universität *e-Campus* in Novedrate (Provinz Como) soll er, wie Studenten berichteten, bei seiner Ansprache gesagt haben:»Man wirft mir immer vor, ich würde mich nur mit schönen Mädchen, die nichts im Kopf haben, umgeben. Aber hier haben wir schöne Mädchen, die mit Höchstnoten ihren Universitätsabschluss gemacht haben und doch nicht wie Rosy Bindi aussehen.«[15] Die Erwähnte, Vizepräsidentin des Abgeordnetenhauses, ehemalige Familienministerin unter Prodi, kommentierte verärgert:»Ein Zeichen für das Ende des Imperiums.«

Das stimmt nicht. Das Imperium schlägt immer noch zu, aber stets dort, wo wir am schwächsten sind.

Eitelkeit ist der Treibstoff seines Motors, das Publikum seine liebste Tankstelle. Zwischen Applaus, Komplimenten und Anekdoten scheint sein Weltbild auf. Von Schönheit wird B. nicht nur angezogen, er sieht in ihr auch eine Tauschware, ein Mittel zum Erfolg, zur Karriere, zum gesellschaftlichen Aufstieg.

Denkwürdig – weil aufrichtig – sein Rat, den er im Fernsehen einem dunkelhaarigen Mädchen gab, das ihn gefragt hatte, wie ein junges Paar in erzwungenermaßen ungesicherten Arbeitsverhältnissen »es sich leisten soll, ein Darlehen aufzunehmen oder eine Familie zu gründen«. Die Antwort:»Nun, als Familienvater erlaube ich mir, Ihnen folgenden Rat zu geben: Suchen Sie sich doch einen Mann wie den Sohn von Berlusconi oder einen anderen, der solche Probleme nicht kennt. Mit Ihrem Lächeln könnten Sie tatsächlich Erfolg haben.« Worte, die überall sonst in Europa für einen Politiker tabu wären. Nicht so in Italien. Viele Italiener denken nicht nur genauso wie B., sondern sagen es auch, wenn sie eine Tochter haben: Such dir eine gute Partie, solange du noch Chancen hast.

B. weiß, dass junge, schöne Ministerinnen mehr Aufmerksamkeit erhalten als mittelalte männliche Kollegen und dass ihre übereinandergeschlagenen Beine höhere Einschaltquoten und mehr Klicks bringen als jede große Rede. Alle Politiker der Welt kennen die Verführungskraft bestimmter Bilder, vom Élyséepalast mit Carla Bruni-Sarkozy bis Alaska und bis zum amerikanischen mittleren Westen, wo Sarah Palin eher dank ihres Brustumfangs als dank ihrer Gehirnkapazität den Durchbruch geschafft hat. Der Unterschied ist nur, dass B. die Sache ganz unbefangen öffentlich thematisiert. Ein Treffen seiner Partei eröffnete er folgendermaßen: »In der ersten Reihe sehe ich Delegierte von beachtlichem ästhetischem Reiz. Bekanntermaßen liebe ich meine Frau, aber deswegen habe ich mir doch den Sinn für das Schöne bewahrt, und vor mir sehe ich tolle Beine.« Im Nachhinein können wir feststellen: Die Conclusio war ehrlicher als die Prämisse.[16]

Die Betrachtung von Schönheit unter kommerziellen Gesichtspunkten macht auch vor Männern nicht halt. Nachdem B. sich im Sommer 2010 bei der Vorstellung der neuen Mannschaft des AC Mailand zunächst damit gebrüstet hat, »mit mir auf der Bank hätten wir die Meisterschaft gewonnen«, kommt er zu den Neuerwerbungen, zum Beispiel Mario Yepes – ein »knallharter«, aber auch »gut aussehender« Verteidiger«, was »nie schaden kann«. Während der Mittelstürmer Marco Boriello »so schön ist, dass sich alle weiblichen Fans sofort in ihn verlieben werden«. Und was ist mit dem neuen Trainer Massimiliano Allegri? »Einen Mann mit einem attraktiveren Körper, um die Farben unseres Vereins zu tragen, hätten wir nicht bekommen können. Bei Dolce und Gabbana kann man neidisch sein. Massimo ist ein schöner Mann und könnte genauso gut ein Filmstar sein, aber er ist auch ein guter Trainer.«[17] Immerhin.

Schließlich hätten wir da noch die sexuellen Laster. Sie sind durch die abgehörten Telefonate im »Rubygate«-Skandal – seiner fraglichen Verbindung mit der minderjährigen Nachtclubtänzerin Karima el-Marough alias Ruby sowie Enthüllungen über Bunga-Bunga-Partys in seiner Villa in Arcore öffentlich geworden.

Im Juni 2009 gestand B. vor italienischen und brasilianischen Unternehmern in Sao Paolo, er leide an einem schlechten Gedächtnis und fuhr fort: »Heute Morgen wollte ich einem Zimmermädchen einen Klaps auf den Hintern geben. Aber das Mädchen hat sich beschwert: »Was machen Sie denn, Herr Präsident? Das haben wir doch schon vor einer Stunde gehabt ...« Ein Jahr zuvor – wieder vor einem Mikrofon, seinem Beichtstuhl – gab er zu: »Ich bin kein Heiliger, das werden wohl alle begriffen haben.«[18]

Stimmt, Herr Ministerpräsident. Wir wissen nicht, wie, haben keine Ahnung, wann, und bezweifeln, wie viele. Aber wir haben vielleicht verstanden, warum.

8

Der Medici-Faktor

Es wäre interessant, die Mädchen zu fragen, die für 50 Euro den Job angenommen haben: Wieso habt ihr euch für diese islamische Bekehrungsshow engagieren lassen, die im Beiprogramm des Staatsbesuchs von Oberst Gaddafi in Rom im August 2010 aufgeführt wurde?[1] Mit Babysitten hättet Ihr mehr bekommen. Als Statisten in dem Religionsspektakel aber habt Ihr wenig verdient, viel über Euch ergehen lassen und das Land in Verlegenheit gebracht. Soweit das überhaupt noch möglich ist.

B. war in alles eingeweiht. Seit Jahrzehnten schon predigt er: Der Kunde hat immer Recht, eine Regel, die für alle gilt, überempfindliche Inserenten, launische Wähler, unbequeme Verbündete oder eben auch anspruchsvolle Gäste. Wie Gaddafi, dessen Vorstellung von Modernität ganz einfach ist: Er stellt etwas zur Schau, und die anderen bewundern es, er redet, und die anderen hören zu, er befiehlt, und die anderen gehorchen.

Erschüttert durch provozierende Äußerungen des Staatsgastes (»Europa soll sich zum Islam bekehren«), der in den Gärten der libyschen Botschaft 200 hübschen Italienerinnen, den Koran und sein »Handbuch der Revolution« übergab, zeigten sich die Katholiken ausnahmsweise einmal geschlossen und reaktionsschnell. Die katholische Tageszeitung *Avvenire* zürnte (»eine unwürdige Inszenierung«), und die Bewegung *Communione e Liberazione*, die gern vor der Macht kuscht, protestierte. Deren Vertreter Maurizio Lupi und Mario Mauro fragten sich: »Ist es noch hinnehmbar, dass wir Gaddafi eine Bühne für seine Spektakel bieten?«[2]

Die Reaktion der öffentlichen Meinung war hingegen vorhersehbar. Staunen – nicht Empörung. Interesse – aber keine Fragen. Spötteleien – aber keine Proteste. Die Italiener haben den heimlichen Krieg der Regierungschefs um das bessere Haarfärbemittel hinter ihren Freundschaftsbekundungen verfolgt, haben die Ankündigungen von Handelsabkommen registriert, sich die Berberpferde angesehen, die libyschen Appelle gehört. Und sind dann zur Tagesordnung übergegangen.

Warum hat man in Italien die Gaddafi-Show zugelassen? Offizielle Antwort: Wir liegen nun einmal so nahe an Libyen und haben dort starke Interessen! Inoffizielle Erklärung: Wir Italiener haben uns angewöhnt, die Entscheidungen der Machthaber nicht infrage zu stellen. Mögen sie sich nun Signore oder Principe nennen, König oder Kaiser, Herzog oder Duce, Premier oder Oberst, wir fügen uns, und das seit Jahrhunderten. Vielleicht lachen wir auch über sie, versuchen, sie zu hintergehen, zu betrügen, aber infrage stellen wir sie nicht.

Im Gegensatz zu vielen anderen westlichen Demokratien ist der Mächtige in Italien nicht zum *understatement* seiner Macht genötigt. Er kann sie zur Schau stellen, denn ein Großteil der öffentlichen Meinung wird sich über seine Exzesse amüsieren oder gar stolz auf sie sein. Der russische Zar und der libysche Wüstensohn genießen hier bei uns das gleiche Privileg. Präsident Medwedjew kann in Cervinia auftauchen und mit Champagner für tausend Euro die Flasche zu Mittag speisen, Gaddafi Rom in sein persönliches Fernsehstudio verwandeln. B. muss nicht verbergen, was er besitzt und wie er lebt (Partys und junge Mädchen eingeschlossen). Dies ist auch der Grund, weshalb sich der Palazzo Chigi mit Tripolis und dem Kreml so gut versteht, seit diese drei Herren dort eingezogen sind.

Das aufschlussreichste Titelfoto einer als Beilage der Tageszeitung *Libero* erschienenen Magazinreihe mit dem Titel »Berlusconi, wie er leibt und lebt. Leben, Erfolge und Neigungen eines auf der Welt einzigartigen Politikers«, ist das Heft Nr. 5, das sich mit dem Bauunternehmer und Erbauer der Trabantenstadt Milano 2 beschäftigt. Da kauert B. inmitten eines Meeres aus Krokussen im Park seiner Villa in Arcore. An einer riecht er, während sein strenger Blick über alle anderen schweift. Auf der Seite 95 wird das Geheimnis gelüftet: »Ich suche die Pflanzen für meinen Garten persönlich aus«, heißt es in der Bildunterschrift.

Aus dem Wagen steigt Berlusconi, der sich in Milano 2 selbst um jedes Detail kümmert, auch um das Pflanzen vieler Dutzend hochstämmiger Bäume. Unter seiner Anleitung werden sie sinnvoll gesetzt, doch die Frage, die sich hier viele stellen, lautet, wie viele dieser Bäume wohl den Schock des Verpflanzens überstehen werden (...) Aber ei-

gentlich braucht man sich die Frage nicht zu stellen, denn auch hier hat sich Silvio wieder etwas Neues einfallen lassen: Im Namen von Milano 2 vereinbarte er mit verschiedenen Baumschulen in ganz Italien, dass alle Bäume, die nicht ordentlich anwachsen, ausgetauscht werden müssen. Es werden vielleicht nur wenige wissen, aber Berlusconi verfügt über hervorragende botanische Fachkenntnisse, die er durch seine lebenslange Liebe zu Pflanzen und Blumen und zur Natur im Allgemeinen gewonnen hat.

Im Heft Nr. 14 dieser Reihe, die eine theoretisch unabhängige Tageszeitung publiziert, ist das interessanteste Foto mit »Der Minister und der kleine Junge« überschrieben. Es zeigt B., der einen Finger zu einem vielleicht einjährigen Kind ausstreckt, das ihn ganz überrascht anstarrt. In der Bildunterschrift heißt es dazu:

Das Bild ist symbolisch für Silvios Haltung den nachwachsenden Generationen gegenüber. Sowohl er als auch Stefania Prestigiacomo, die Ministerin für Umweltschutz und Raumplanung, strecken eine Hand zu dem Kleinkind auf dem Arm seines Vaters aus, der den Regierungsvertretern gerade die Probleme erläutert hat, die noch zu bewältigen sind.

Bilder und Sprache der Publikation erinnern – man muss es deutlich sagen – an die verklärenden Biografien, wie man sie aus Diktaturen kennt. Nicolae Ceaușescu wurde im Rumänien der achtziger Jahre ganz ähnlich dargestellt, eine Parallele, die Fedele Confalonieri, B.s

Freund seit Kindertagen, selbst anspricht. In einem Interview bezeichnete er B. als einen »aufgeklärten Despoten, einen guten Ceauşescu, wie er für ein demokratisches Land aber ganz ungewohnt ist«.[3] Zeitlich weiter entfernt, doch räumlich näher ist eine andere Analogie: nämlich zwischen Benito Mussolini, »dem ersten Landmann Italiens« mit nacktem Oberkörper im Weizenfeld, und Silvio, »dem ersten Gärtner« im Pullover in seinem Blumenmeer. Hinsichtlich dessen, was die Bilder vermitteln sollen, ist kein großer Unterschied zu erkennen. Alle beide posieren fürs Volk und geben etwas vor, was sie in Wirklichkeit nicht sind.

Doch so verführerisch nahe sie auch zu liegen scheinen, beide Vergleiche führen in die Irre. Sich mit dem Kommunismus oder dem Faschismus zu beschäftigen, bringt wenig, wenn man die Haltung vieler Italiener B. gegenüber richtig verstehen will. Man muss noch weiter zurückgehen, nämlich in die Zeit der Signorien.

Die Signoria als Herrschaftsform folgt historisch auf die Kommunen. Sie entstand im 13. Jahrhundert und hatte sich im 14. Jahrhundert in fast allen italienischen Stadtstaaten voll durchgesetzt. Die Regierung eines Einzelnen anstelle der einer Gruppe, die im ständigen Streit mit anderen Gruppen, Klassen, Parteien, Verbänden oder Familien liegt: Viele Italiener nahmen diese Neuerung wohlwollend auf, damals wie heute.

Die Herrschaft der Signoria gründete sich auf der Zustimmung des Volkes. Auch B. hat es an einer solchen Zustimmung tatsächlich nie gemangelt. Mit ihr unterstrich er all seine Ansprüche: das Recht, den Präsidenten der Abgeordnetenkammer abzusetzen, die Auflösung des Parlaments zu verlangen und den Richtern, die ihn verurteilen, ihre Legitimation abzusprechen.

Zu Zeiten der Signoria wurde die Zustimmung per Akklamation bekundet. Heute gibt es natürlich Wahlen. Giuseppe Prezzolini schreibt in seinem Buch *Das Erbe der italienischen Kultur*, das 1948 in den USA und erst zehn Jahre später in Italien erschien:

> *Das niedere Volk, das wenig oder nur einen geringen Anteil an der Kommunalregierung gehabt hatte, zog einen gewissen Nutzen aus der Signoria und bildete den treuesten Verbündeten gegen die Unzufriedenheit, die Unordnung und die Verschwörungen der enteigneten höheren Klassen (...) Die Signorien bedeuteten eine Befreiung von der drückenden Macht des Mittelstandes, der aus Bankiers, Kaufleuten, Handwerkern und Fabrikanten bestand, sowie vom störenden Konflikt dieser Klassen. So merkwürdig es auch klingen mag: Der Signore wird stets von den unteren Schichten unterstützt und von den höheren Schichten fast immer (mindestens heimlich) befehdet. Das Volk hat lieber mit einem beständigen Regenten zu tun als mit einer unbeständigen Minderheit.*[4]

Zu behaupten, B. habe die höheren Klassen enteignet, erscheint übertrieben, die Meinung zu vertreten, sie seien heute zu einer Verschwörung fähig, ist gewagt. Doch die Warnung vor einem »Komplott der starken Kräfte«[5] erinnert an die altbekannte Taktik, sich zum Beschützer der nach Einkommen, Bildung und gesellschaftlicher Stellung unteren Klassen aufzuschwingen und sie ge-

gen die höheren Klassen aufzustacheln. Da Erstere zahlenmäßig stärker sind, funktioniert die Methode – auf
einer Piazza vor fünfhundert Jahren genauso wie in der
modernen Demokratie heute.

Prezzolini schreibt weiter:

> *Das beste Beispiel bildet die Signoria der Medici, die jahr-*
> *hundertelang bestand. Von Salvestro bis Cosimo vertrat*
> *die Familie Medici stets die Belange der am wenigsten be-*
> *mittelten Bürger gegen die Angehörigen des Standes der*
> *Kaufherren, dem sie selbst angehörte. Den kleinen Leuten*
> *entging diese Wahrnehmung ihrer Interessen nicht; sie*
> *wurde durch Anhänglichkeit vergolten und schloss den*
> *Wunsch nach dem Weiterbestehen der Regierung ein.*

Die Fürsorge des Signore zu jener Zeit war nicht unei-
gennützig: Die Maske des Republikaners diente dazu,
die persönlichen Interessen zu verschleiern. Das Volk
wusste das und rechtfertigte es. Nur eine Sache verzieh
und verzeiht es auch heute noch dem Regierenden
nicht: Spaltungen und Streitigkeiten, die ein Vorrecht
der Regierten bleiben sollen.

> *Der Signore steht allein und beherrscht die Szene wie eine*
> *mächtige Statue, die mitten auf dem Platz einer Stadt*
> *steht. Seine Kraft, seine Klugheit, sein Ehrgeiz und vor al-*
> *lem sein Misstrauen machen ihn einsam. (...) Sein Minis-*
> *ter kann ein Spion sein, sein Kanzler ein Verräter, sein*
> *Hauptmann im Solde des Feindes stehen. Was er von an-*
> *deren befürchtet, hat er selbst schon begangen oder ist im*
> *Begriffe, es zu tun.*

Auch hier wiederum ist die Parallele verblüffend. In den vielen Jahren seiner politischen Karriere hat B. sein Personal so behandelt, wie es ihm gerade erforderlich erschien: Er hat Treue belohnt oder vergessen, hat Untreue vergeben oder gerächt, hat Menschen erhöht oder erniedrigt. Bei alldem hat er nichts getan, um eine geregelte Nachfolge zu sichern. Die Partei ist lediglich der Sockel, der das Denkmal des Signore trägt.

Im Jahr 2008 hörten die Italiener verwundert, aber nicht überrascht von der Nominierung der Ministerinnen Mariastella Gelmini (Unterrichtswesen, Universitäten und Forschung) und Mara Carfagna (für Gleichstellungsfragen). Bei Signora Gelmini, 1973 geboren, stand im Lebenslauf ein an einer konfessionellen Schule erworbenes Abiturzeugnis, ein in Brescia abgelegtes Juraexamen, ein Umzug nach Reggio Calabria, um die Anwaltsprüfung zu bestehen, sowie Erfahrungen in der Kommunalpolitik. Signora Carfagna, Jahrgang 1975, hatte hingegen Tanz- und Klavierunterricht vorzuweisen, ein in Salerno abgelegtes Juraexamen, einen 6. Platz bei der Wahl zur Miss Italia, einige Fernsehauftritte sowie Fotos in einem jener Kalender, die nicht gekauft werden, um sich über das Datum zu informieren.[6] Das Urteil über die Arbeit der beiden Ministerinnen ändert nichts an einer Tatsache: Ihre Ernennungen sind unerklärlich. Beziehungsweise nur erklärlich, wenn man sie als das nimmt, was sie auch tatsächlich sind – einsame Entscheidungen des Signore, der auswählt und einsetzt und eben nichts erklärt.

Wer in Italien an der Macht ist, muss sein Handeln

nicht rechtfertigen. Das derzeitige Wahlrecht – von einem seiner Urheber Roberto Calderoli später selbst als *porcata* (Schweinerei) bezeichnet[7] – sieht nur geschlossene Listen vor, so dass die Parteispitze ganz nach eigenem Ermessen Kandidaten befördern oder absetzen kann. Davon profitieren neben B. die Chefs der anderen Parteien. Auch deswegen sitzen im italienischen Parlament rund achtzig Abgeordnete, gegen die Ermittlungsverfahren laufen, die angeklagt sind oder nur wegen Verjährung strafrechtliche Konsequenzen vermeiden konnten. Rund zwanzig Abgeordnete sind vorbestraft. Die von dem Komiker und harschen Kritiker der Politikerkaste Beppe Grillo initiierte Gesetzesänderung »Sauberes Parlament« wurde von 350000 Bürgern unterzeichnet und liegt unbeachtet beim Senat.[8]

In der Partei *Popolo della Libertà* wurde die Richtlinienkompetenz zur absoluten Macht: Wer dem Signore behagt, kommt rein, wen er ablehnt, bleibt draußen. Unterwerfung ist die Regel. Das schließt nicht aus, dass die Belohnten es auch verdient haben. Es bedeutet aber, dass sich nicht kontrollieren lässt, ob sie tatsächlich geeignet sind, und niemand eingreifen kann, falls sie es nicht sind.

Die Auswahlkriterien sind undurchschaubar. Giorgio Puricelli, der Physiotherapeut des AC Mailand, und Nicole Minetti, B.s persönliche Zahnhygienikerin, wurden 2010 Abgeordnete des Regionalparlaments der Lombardei. Inzwischen ermittelt die Staatsanwaltschaft gegen Nicole Minetti wegen Verdachts der Begünstigung von Prostitution – hat sie für B. einen Mailänder Harem kontrolliert? Francesco Magnano, der Vermessungstechniker seines Vertrauens, ist heute eben dort Staatssekre-

tär und zuständig für die Entwicklung und den Touris-
mus dieser Region. Barbara Matera war schon Kandi-
datin bei der Wahl zur Miss Italia, RAI-Ansagerin, Hos-
tess in Privatfernsehsendungen wie *Mai dire domenica*,
Darstellerin in Fernsehserien wie *Carabiniere 7* und »Pro-
mischlittschuhläuferin« bei der Fernsehshow »Nächte
auf dem Eis«. Seit 2009 sitzt sie im Europaparlament.
Maurizio Marinella, »Krawattenkönig« genannt, bei
dem auch B. gern Schlipse kauft, ist im Gespräch für
das Amt des Bürgermeisters von Neapel.

Unter den Begünstigten früherer Zeiten: Massimo
Maria Berruti, zuvor Angehöriger der Finanzpolizei, der
sich nach einer Inspektion bei B.s Bauunternehmen Edilnord aus dem Polizeidienst verabschiedete und in B.s Finanzholding Fininvest überwechselte, ist seit 1996 Abgeordneter. Romano Comincioli, Schulkamerad, Mann der
ersten Stunde bei der Gründung von Fininvest und *Forza
Italia,* ist seit 2001 Senator. Salvatore Sciascia, früher
Chef des Finanzbüros der Fininvest, Vizepräsident von
IDRA (einer Immobiliengesellschaft von B.) und Präsident der Holding Italiana Quattordicesima S.p. A in
B.s Familienbesitz, ist seit 2008 Senator. Alfredo Messi-
na, Vizepräsident der Mediolanum Versicherungen mit
starker Beteiligung von B., sitzt ebenfalls seit 2008 im
italienischen Senat. Mariella Bocciardo, Exehefrau von
Paolo Berlusconi, sitzt seit 2006 in der anderen Kammer
des italienischen Parlaments, dem Abgeordnetenhaus.

Von B.s Anwälten und Beratern gehören Niccolò
Ghedini, Gaetano Pecorella, Piero Longo und Massimo
Baldini dem Parlament an (die ersten beiden in der Ab-
geordnetenkammer, die anderen beiden als Senatoren).

Carlo Taormina, bis 2008 einer von B.s Spitzenanwälten, war Abgeordneter für *Forza Italia* (2001 bis 2006), Staatssekretär im Innenministerium und Verfasser des Cirami-Gesetzes zum sogenannten begründeten Verdacht. Mittlerweile ist er aus dem Parlament ausgeschieden infolge einer, wie er es selbst nennt, »moralischen Krise« (»Ich weiß genau, mit welchen Mitteln Berlusconi seine Anwälte dazu veranlasst, sich Gesetze maßschneidern zu lassen, denn bis vor einigen Jahren verlangte er das auch von mir«). Nicht zu vergessen sind B.s Leibärzte Antonio Tomassini und Umberto Scapagnini. Ersterer wurde 1996 Senator und ist heute Präsident des Gesundheitsausschusses,Letzterer war acht Jahre lang Bürgermeister von Catania und wurde durch seinen Befund bekannt, B. sei »praktisch unsterblich«.[9]

Manche dieser Personen sind kompetent, andere nicht, einige haben sich bemüht, sich die Gunst ihres Signore zu verdienen, andere taten so, als habe dieser mit ihrem Aufstieg nichts zu tun. Gabriele Albertini, der frühere, von B. ausgeguckte Mailänder Bürgermeister, spricht heute von einer Führungsschicht, die nicht mehr von der Basis aus nachwächst, sondern durch die Berührung mit dem »Zauberstab« des Fürsten« eingesetzt« wird. Und er weist anklagend auf einen »Hof von nicht Gewählten, sondern Ernannten, die mit Klauen und Zähnen die ihnen vom Fürsten übertragene und nicht vom Volk legitimierte Macht verteidigen«.[10]

Albertini kann sich solche Worte erlauben, denn er weilt im Exil, im europäischen Parlament. Früher einmal wäre man dafür in einer Festung gelandet, fernab auf einer Insel im Tyrrhenischen Meer.

In der Geschichte Italiens wimmelt es von solch verdächtigen Belobigungen. Die Gefahr, es mit den Schmeicheleien für den Herrscher vielleicht zu übertreiben, besteht nicht, denn immer findet sich jemand, der auf den Superlativ noch einen weiteren Superlativ draufsetzt. An einem Juliabend des Jahres 2010 erhielt B. den *Premio Grande Milano*[11]. In der Laudatio sprach man von seinem »besonderen Weitblick und seinen außerordentlichen Fähigkeiten«, seinen »bewundernswerten Taten«, seinen »herausragenden Eigenschaften als Mensch und Unternehmer«, von einem »Staatsmann von seltenem Format«, mit dem sich das Land zu einer »sich auf Liebe gründenden solidarischen Gesellschaft« entwickle. Die Tatsache, dass der Preisträger und der Preisverleiher (Guido Podestà, Präsident der Provinz Mailand) derselben Partei angehören, Ersterer Letzteren für dieses Amt ausgewählt hat, und sich die beiden seit gemeinsamen Zeiten bei B.s Edilnord (1976) kennen, ist zwar für Berlusconigegner Quell von Hohn und Spott, für seine Anhänger aber nicht von Belang. Die vernünftigste Reaktion – Verlegenheit – ist nirgendwo festzustellen. Entweder liebt man den Signore, oder man bekämpft ihn.

Der gleiche Sommer, wenige Wochen später. Der Mitgründer des *Popolo della Libertà*, Gianfranco Fini, ist gerade aus der Partei geflogen. B. versammelt die Parlamentarier des PDL auf seinem Sommersitz in Latium, dem Castello di Tor Crescenza. »Was für herrliche Ohrringe. Wie sagt man noch ...: große Ohrringe, große Lust«, begrüßt er Nunzia De Girolamo, die Parteisprecherin für Gesundheitsfragen und in ihrer ersten Legislaturperiode im italienischen Parlament. Die junge Frau hatte auf sich aufmerksam gemacht, als sie in der Vorhalle des Palazzo Grazioli ein Mosaik für B. enthüllte, das ein Künstler ihrer Heimat geschaffen hatte und B. mit seiner Mutter Rosa zeigt.[12]

Der frühere Minister Claudio Scajola hat, als er noch im Amt war, B. als »unseren Sonnenkönig«[13] bezeichnet. Mit der historischen Epoche, dem Titel und Land hatte er sich zwar vertan, aber das Prinzip verstanden.

Medici-Faktor habe ich es genannt. Das Vorbild der Florentiner Signoria scheint mir, wie dargelegt, ganz hilfreich zu sein, um die Machtmechanismen in Italien zu verstehen. Doch gute Beispiele gibt es auch anderswo. Wie Cosimo de' Medici, der erste Signore von Florenz, tatsächlich ausgesehen hat, wissen wir nicht. Von ihm ist kein authentisches Bild erhalten.[14] Von seinem Zeitgenossen Federico da Montefeltro, dem Herzog von Urbino, gibt es dagegen dreiunddreißig Porträts, die überwiegend von ihm selbst in Auftrag gegeben wurden[15] und die ihn zum meistdargestellten Mann Italiens machten. Der Herzog war ein Meister des *product placement*. So fügte der Bücherliebhaber seine Porträts auf den Pergamentseiten seiner Gesetzessammlungen ein, sodass es die großen Klassiker waren, die sein Bild bewahrten und weitertrugen.

Auch der moderne Signore kümmert sich gewissenhaft um seine Darstellung. Saß Federico für Ölgemälde Porträt, kann Silvio zwischen Fotografie und Fernsehen wählen. Gemeinsam ist den beiden Männer ein wesentliche Erkenntnis – es kommt darauf an, die eigenen Gesichtszüge dem kollektiven Gedächtnis der Zeitgenossen wie ein Markenzeichen einzuprägen. Und eine Notwendigkeit: Das Produkt muss ständig verbessert werden.

Bei Federico da Montefeltro entschieden sich die Hofmaler im 15. Jahrhundert für eine Darstellung im Profil, um das fehlende Auge zu verbergen, das der Herzog im Jahr 1451 bei einem Turnier zu Ehren Francesco Sforzas eingebüßt hatte. Und so kam es, dass sich der Blick des Betrachters ganz auf die Adlernase mit dem ungewöhnlichen, fast waagerechten Absatz richtet, die auf diese Weise zum berühmtesten Körperfortsatz Italiens wurde. In Cologno Monzese und an anderen Orten, wo man am Image des *Dottore* arbeitet (wie B. von Mitarbeitern und Angestellten genannt wird), ist kein Piero della Francesca am Werk, und der Zweck der Darstellung ist auch ein anderer: Es geht darum, einen Körper in ein besseres Licht zu rücken, der, wie schon einmal festgestellt wurde, »für seine ehrgeizigen Ziele nicht maßgeschneidert ist«. Geringe Körpergröße, Haarausfall und die »viereckige« Figur (nach der Definition von Giampaolo Pansa) könnten dem Erfolg entgegenstehen.[16] Doch das Publikum kennt nicht die Realität, sondern nur ihre Darstellung.

Berühmt wurde die naive Fälschung eines Fotos von B. in der ersten Abteilung des Mailänder Landgerichts (am 5. Mai 2003), wo der Ministerpräsident erschienen war, um eine spontane Erklärung zum SME-Korruptionsprozess (so benannt nach dem staatlichen Lebensmittelkonzern) abzugeben, in dem auch gegen ihn wegen Korruption ermittelt wurde. Auf dem von hinten aufgenommenen Foto – die Fotografen mussten wegen

Platzmangels im hinteren Teil des Verhandlungssaales bleiben – sieht man B.s kahle Stellen am Hinterkopf. Am 12. Mai wurde dieses Bild im amerikanischen Nachrichtenmagazin *Newsweek* veröffentlicht. Auf dem Titelbild des italienischen Magazins *Panorama* vom 15. Mai hingegen, einem Produkt aus dem Verlag Mondadori in B.s Familienbesitz, ist der kahle Hinterkopf verschwunden und an seine Stelle ein Teppich dunkler Haare getreten.[17]

Solche Dinge sind B. wichtig. Sein Drang, gut auszusehen, lässt ihn nicht nur menschlich wirken in diesem Land, in dem man sich gerne in Schaufensterscheiben betrachtet, sondern bestätigt auch die, die ihn schätzen oder zumindest wählen. Kein Bewunderer nimmt es hin, dass sich das Objekt seiner Bewunderung als unwürdig erweist, denn dann müsste er an seinem eigenen Blick zu zweifeln beginnen.

Silvio weiß das und bemüht sich, den Erwartungen gerecht zu werden. Anders als Federico entstammt er nicht dem Kriegshandwerk, sondern der Werbung, wo alles perfekt aussehen muss. Auf dem Gemälde Piero della Francescas sieht man hinter dem Herrscher eine mit einzelnen Bäumen bestandene Landschaft seines Herzogtums Montefeltro. Bei Silvios Darstellungen im Fernsehen fällt der Blick auf einen himmelblauen Hintergrund, auf eine Bücherwand oder jubelnde Anhänger. Beide Herrscher werden stets ohne ein graues Haar abgebildet. Aber der moderne Signore würde auch nicht die Warzen dulden, die man auf der linken Wange des Herzogs von Urbino erkennt, Spuren einer Hauterkrankung, die ihn in seiner Jugend heimgesucht hatte. Wie die flämischen Maler des 15. Jahrhunderts wollte auch Piero della Francesca realistisch malen. B.s Porträtisten setzen hingegen auf einen ähnlichen Kitsch wie amerikanische Illustratoren im 20. Jahrhundert.

Aber in dem Herrschervergleich steckt noch mehr. Der Mann, der Federico das Auge ausstach und ihn zu einer lebenslangen Profildarstellung zwang, hieß Guidangelo de' Ranieri: Vor dem fatalen Ritt erhielt er vom Herzog eine goldene Kette zum Geschenk.[18] Die Frau, die Silvios Ruf beschädigte und ihn zum öffentlichen Bekenntnis von Neigungen, die er lieber für sich behalten hätte, zwang, heißt Patrizia D'Addario, seine Sonderbegleiterin vom Escort-Service. Auch sie könnte Schmuck als Geschenk erhalten haben – allerdings erst nach dem fatalen Ritt.

B. hat immer wieder betont, Vorsitzender einer »Partei der Liebe« zu sein[19], und damit ungläubiges Staunen und Misstrauen geerntet. Wie so oft verbinden sich in diesem Beharren Instinkt und Taktik. Der Signore möchte tatsächlich geliebt werden, und ist das nicht der Fall, leidet er. Allerdings: Änderungen vorzunehmen – im Stil, im Umgang, in seiner Politik –, um diese Liebe zurückzugewinnen, daran denkt er nicht. Er will sie und basta.

Alexander Stille – heute ein unerbittlicher Kritiker von B. – beschreibt seine erste Begegnung mit dem *Citizen Berlusconi* im Jahr 1996 folgendermaßen:

»Sie verstehen nicht«, sagte er gegen Ende unseres Gesprächs resigniert und ließ sich in die Polster der weißen Couch in seinem Wohnzimmer zurücksinken, als wolle er

Kräfte für einen letzten Versuch sammeln, mir die Augen
zu öffnen. »Ich habe in meinem Leben alles erreicht, was
ein Mensch sich erhoffen kann. Ich habe persönlich nichts
mehr zu gewinnen!« Plötzlich schnellte sein Oberkörper
nach vorn, und mit einer auf das mehrfache gesteigerten
Eindringlichkeit (als gelte es, einem zögernden Kunden
den entscheidenden Impuls für die Kaufentscheidung zu
verpassen, sagte er: »Ich habe so viel außergewöhnliche,
einzigartige Erfahrungen und will der Nation etwas ge-
ben. Ich kann schöpferisch sein, ich kann Menschen füh-
ren, ich kann Menschen dazu bringen, mich zu lieben.«[20]

Diese Überzeugung verrät viel über den Mann B. und
die Gründe seines Erfolgs. Der Wunsch geschätzt zu
werden, treibt ihn dazu, geradezu besessen Zustimmung zu suchen, und viele befriedigt das Gefühl, dem
Signore das geben zu können, was er sich wünscht. Sehr
vielen von B.s Wählern schwillt der Kamm bei der Vorstellung, dass man ihn nicht lieben könnte. B.s Widersprüche stören sie nicht. Was sie aber mächtig stört, ist
beobachten zu müssen, wenn die großherzigen Absichten des Parteichefs nicht so geschätzt werden, wie sie es
verdient hätten.

B.s krampfhafte Suche nach Beifall ist sicher kein ak-
tuelles Phänomen, sondern hat ihn schon in früheren
Zeiten umgetrieben. Der Erbauer der Retortenstadt
Milano 2 hatte das Glück der Wohnungskäufer im Sinn,
der Eigentümer der Kaufhauskette Standa war auf zu-
friedene Kunden aus. Der Präsident des AC Mailand
strebte nach der Zuneigung der Fußballfans. Der Im-
porteur von Fernsehserien wie *Dallas* oder *Baywatch*

erträumte sich treue Zuschauer. Auch der Verleger wünschte sich die liebevolle Unterstützung seiner Zeitungen, als er in die Politik ging, und wenn sie nicht einhellig war, fühlte er sich verraten. Am 8. Januar 1994 betrat B. die Redaktionsräume seiner Zeitung *Il Giornale*. Aber nicht wie ein Verleger zu Journalisten, sondern wie ein Herrscher zu seinen Truppen redete er: »Wir haben lange genug mit dem Florett gefochten. Nun müssen alle den Säbel ziehen.«

Einige der Anwesenden waren nicht bereit, sich rekrutieren zu lassen. Doch willige Söldner fand man in Italien schon immer genug.

Warum ist uns in Italien die Kritik aus dem Ausland an B. unangenehm? Weil wir sie als mangelnden Respekt gegenüber unserem Herrn empfinden. Jeder Italiener kennt diese Verstimmung, dieses Unbehagen, die dann gern wieder verdrängt werden. Denn sie zuzugeben, fällt schwer.

Im März 2010 strahlte BBC 2 von neunzehn bis zwanzig Uhr, zur besten Sendezeit im englischen Fernsehen also, die Dokumentation *The Berlusconi Show* aus. Darin wurde die Hauptfigur als gewiefter Geschäftsmann, charismatischer Populist, unverbesserlicher Weiberheld und Politiker mit fragwürdigen Verbindungen dargestellt.

Die Dokumentation war bestrebt, ohne polemische Übertreibungen ein realistisches Bild von B. zu zeichnen, und lieferte gerade damit Fakten, die das britische Publikum, seiner Tradition und seiner Kultur gemäß, für höchst erstaunlich hielt. Würde ihr *primeminister* in Downing Street mit einer Frau überrascht, die nicht seine eigene ist – und die sich dann noch als Prostituierte entpuppt –, während man ihn in der amerikanischen Botschaft erwartet, um dort die Wahl des neuen US-Präsidenten zu feiern, so müsste er innerhalb einer Stunde zurücktreten. Der italienische Ministerpräsident nicht.

Mag man im Ausland verwundert den Kopf schütteln und ihn angreifen, der Signore verfügt über einen starken Schutzschild: die Nation. »Die Dreckkübel werden nicht nur über den Ministerpräsidenten ausgegossen, sondern auch über die Erzeugnisse unseres Landes, über unsere Unternehmen, über alles, was *Made in Italy* ist«, tönte B. vor Industriellen in Monza im Oktober 2009. »Durch diese absurden, lächerlichen Vorwürfe werden der Regierungschef, die Demokratie, unser ganzes Land in den Dreck gezogen«, brauste er vor Wählern in Benevento auf.[21] Zu dumm, dass B. selbst dann elf Monate später im russischen Jaroslawl die italienischen Richter schwer beschuldigte (»diktatorische Maßnahmen, die in einer Demokratie nicht geduldet werden dürfen«), dass er sich über den Präsidenten des italienischen Parlaments lustig machte (»Er möchte auch gern ein kleines Unternehmen haben«) und unsere Verfassung kritisierte, bevor er schloss: »Putin und Mewedjew sind eine Gottesgabe für das russische Volk.«[22]

Die Gleichsetzung des Signore mit der Nation mag verlockend sein, aber sie muss zurückgewiesen werden. Leider will B. nicht hören. Die italienischen Botschafter im Ausland drängt er dazu, sich über die dortige Presse zu beschweren, und seine Minister ergreifen weltweite Gegenmaßnahmen (siehe die sogenannte schnelle Eingreiftruppe gegen Verleumder der Tourismusministerin Michela Vittoria Brambilla). In allen Demokratien wird die Macht gewissenhaft kontrolliert und wenn nötig hart kritisiert: von der Opposition, den Wählern, den Medien im In- und Ausland. Clinton, Bush, Blair, Kohl, Zapatero, Chirac, sie alle hatten sich mit heftigen persönlichen Angriffen auseinanderzusetzen. Obama platzte bei Fox News, wo man ihn aufs Korn genommen hatte, der Kragen. Aber keiner von ihnen hat seine Kritiker daheim oder draußen beschuldigt, die Nation in Verruf zu bringen.

Von einem Medici oder einem Montefeltro dagegen hätte man sich das vorstellen können.

9

Der T.I.N.A.-Faktor

In Wahrheit habt Ihr Berlusconi selbst erschaffen. Er ist das Kind Eurer Dämonisierung, die ihn seit seinem Einstieg in die Politik begleitet. Er ist das Kind Eurer fortwährenden Verleumdungen, Eurer Verhöhnungen all dessen, was er tut, was er sagt, was er anzieht, was er denkt. Er ist das Kind Eurer Intoleranz gegenüber dem einzigen Arbeitgeber, auf den Ihr Euch, möglicherweise mit der Zustimmung anderer Arbeitgeber, in den letzten Jahrzehnten eingeschossen habt. Er ist das Kind der Misswirtschaft Eurer Regierungen, der Ideenlosigkeit Eurer Führer, der Arroganz eurer Kasten in der Kultur, in der Justiz, in den Medien. Er ist das Kind all dessen, was Ihr ihm anlastet.[1]

Natürlich vergisst die Tageszeitung *Libero* in dieser Invektive die Verfehlungen der italienischen Rechten. Aber sie beleuchtet durchaus nachvollziehbar einige Untugenden der Linken. Und verhilft uns zu einer Erkenntnis: Die Sieger können sich auch deshalb durchsetzen, weil die Verlierer zu verlieren entschlossen sind. Bei einer Wahl kommt es auch auf die Alternativen an.

»Die Linke verliert nicht nur, weil sie arrogant ist, überheblich und unehrlich«, schreibt Luca Ricolfi, der Autor des Buches *Perchè siamo antipatici?* (»Warum sind wir so unsympathisch?«). »Sie verliert auch, weil sie die italienische Gesellschaft nicht versteht, weil sie es nicht schafft, die Welt ohne ideologische Scheuklappen zu betrachten, weil ihr das Gefühl für die Menschen fehlt, weil sie die Fähigkeit verloren hat, den Leuten zuzuhören und verstehen zu wollen, was sie zu sagen haben.«[2]

Nichi Vendola, der Gouverneur der Region Apulien, ein Mann der Linken, scheint der gleichen Meinung zu sein: »Berlusconis Stärke liegt in unserer Schwäche begründet.«[3]

Woher diese Schwäche? Nun, es gibt da eine ganze Reihe von Gründen. Eine kommunistische Vergangenheit, der man häufig zu gleichgültig gegenübersteht. Spaltungen, Egoismen, Inkompetenz, Posten auf Lebenszeit. Zweideutigkeiten, Zaudern, das Fehlen klarer Programme. Die Angewohnheit, die Nation zu tadeln, während der Gegner sie freispricht. Die Unfähigkeit, auf den Bauch der Italiener zu hören, auf dem dagegen seit Jahren das aufmerksame Ohr von B. liegt, der jedes Rumoren zu deuten versteht.

Vierundvierzig Jahre lang (von 1948 bis 1992) hat eine Mehrheit in Italien die *Democrazia Cristiana* und sogar die Sozialisten gewählt, nur um die Kommunistische Partei von der Regierung fernzuhalten. Während die DC und die PSI im Wirbel von Tangentopoli (1992–1993) – der von der Presse aufgedeckten Schmiergeldaffäre (*tangente* = Schmiergeld in Mailand) – untergingen, überstanden die Kommunisten diese Phase relativ unbehelligt aus Gründen, die jeder Italiener anders sieht. Nun hätten die Postkommunisten entweder dem Weg, den die sozialdemokratischen Parteien Europas vorgegeben hatten, folgen oder sich an Bill Clinton orientieren können, der einige Monate zuvor ins Weiße Haus gewählt worden war.

Keines von beiden geschah. Und so erlebte man von damals bis heute eine endlose Kette von Höhen und Tiefen, von Abweichungen und Abkürzungen, von Namen und Versuchen, von denen die Wähler wenig begriffen und noch weniger guthießen. Einer Nation, die dem Unternehmungsgeist des Einzelnen huldigt, predigte man Solidarität und gesellschaftlichen Aufschwung jenen, die von persönlichem Amüsement träumen. Menschen, die vor allem auf ihre Rechte bedacht sind, erzählte man etwas von Pflichten. Von einem Volk, das sich am stärksten beim Improvisieren zeigt, wünschte man sich »neue Planungsfähigkeiten«. Gleichheit und Brüderlichkeit versuchte man denen schmackhaft zu machen, die sich, wenn man schon Anleihen bei den Franzosen macht, doch lieber für die Freiheit entscheiden. Auch für die Freiheit, das zu tun, wozu man gerade Lust hat und was einem gefällt.

Offenbar hatte die Linke – im Gegensatz zu ihrem Gegner – nicht mitbekommen, wie sehr sich die Italiener verändert hatten. Der Hedonisierungsprozess schien das ganze politische Spektrum erfasst zu haben: Der kommunistische Single warf, wenn er abends nach Hause kam, ebenso einen Blick auf die Drive-in-Mädchen im Privatfernsehen wie der christdemokratische Jung-geselle oder der alleinstehende Neofaschist. B. hinge-gen hatte die Lage auf Anhieb begriffen und machte sich daran, mit Leib und Seele – in dieser Reihenfolge – die neuen Gewohnheiten zu fördern und zu preisen. Seine Gegner aber zogen es vor, die Augen vor den Tat-sachen zu verschließen. Und sind darüber eingeschla-fen. So was kann vorkommen.

Der Weckruf von Romano Prodi und seinem »Oliven«-Bündnis wurde gehört, weil er bedächtig formuliert war: Ja, wir wollen das Land modernisieren, liberalisie-ren und europäisieren, aber keine Angst, wir werden euch schon nicht stören. Nachdem man den Professor zweimal – 1998 und 2008 – erfolgreich sabotiert hatte, begann im linken Lager wieder eine Zeit des Streitens und Experimentierens, ein dissonanter Chor, begleitet vom Gegengesang Fausto Bertinottis. Im Gegensatz zu anderen hatte der klare Vorstellungen, nur waren es lei-der die falschen, denn sie gehörten zum Parteipro-gramm der *Rifondazione Comunista*. Kommunistisch, ein Adjektiv, das nur einen von zwanzig Italienern begeis-tert und die restlichen neunzehn erschreckt. Das ist auch der Grund, weshalb B., wie wir noch sehen wer-den, dieses Etikett jedwedem Gegner aufpappt. Auch wenn es sich sofort wieder lösen lässt, ein wenig Kleb-stoff bleibt immer hängen.

Aber das ist es nicht allein. Die italienische Linke hat ein Laster: Sie kündigt gerne an, was sie dann nicht tut, und tut gewöhnlich das, was sie nicht gesagt hat. Dass sich B. Michele Santoros unbequemer Talkshow *Anno-zero* entledigen wollte, wussten einige Italiener, viele ahnten es, und die anderen wunderten sich nicht darüber. Dass sich aber das Opfer die Kapitulation versilbern lassen würde, hat hingegen alle verblüfft. Santoros Übereinkunft mit der RAI sollte ihm, einigen Zeitungen zufolge, mehrere Millionen Euro einbringen. Sein Moderatorrivale Bruno Vespa kommentierte süffisant: »Es ist ein einträgliches Geschäft, verfolgt zu werden.«[4] Santoros Sendung wurde dann doch nicht aus dem Programm genommen, die Übereinkunft nicht umgesetzt, und doch gelangten noch mehr Unentschlossene im Land zu der Überzeugung, dass die Linken kein offenes Spiel spielen, während die Rechten wenigstens tun, was sie sagen, und ihre Vorhaben realisieren. Dass es sich dabei häufig um Dinge handelt, mit denen man sich nicht brüsten sollte, steht auf einem anderen Blatt.

Sergio Rizzo zitiert in seinem Buch *La Cricca* (»Die Clique«) den Auszug eines Fernsehinterviews mit dem PDL-Abgeordneten und Gründer der Onlinetageszeitung *Il Predellino*, Giorgio Clelio Stracquadanio: Frage: »Warum leugnet Ihre Parteispitze, dass die Gesetze zur Justizreform *ad personam* verfasst sind?« Antwort: »Wenn sie das tut, ist das ein Fehler. Man muss klar und deutlich sagen: Wir sind für Gesetze *ad personam*.«[5] Und nach acht Kapiteln wissen wir hier mittlerweile, um welche *persona* es sich da handelt.

Wer eine solche Haltung vertritt, dem kann man so einiges vorwerfen. Aber wie sollte man ihm absprechen, dass er wenigstens ehrlich ist? Und an der primitiven italienischen Börse zahlt sich solch eine Offenheit aus. Hier gibt es eine Dividende der Ehrlichkeit und einen Talon der Heuchelei. Unbelehrbar versorgt sich die Linke immer mit Letzterem und wundert sich dann, dass das Kapital schmilzt und die Investoren das Weite suchen.

Das politische Programm des neuen Partito Democratico *ist trostlos leer und genauso weit entfernt von den Forderungen eines Karl Marx wie vom Animus fortschrittlicher Katholiken. Seien es die Schaffung von Arbeitsplätzen, soziale Hilfsleistungen, Staatsverschuldung oder Euthanasie, auf keinem Feld gibt es ein wirklich klares Wort. (...) Tut mir leid, das sagen zu müssen, vor allem in der aktuellen Situation, aber solch eine Linke trägt nicht zum Wohl des Landes bei.*

Guido Bocchetta

Wenn sich der Trend fortsetzt, der bei den letzten Wahlen zu erkennen war (Arbeiter, die einmal links wählten, stimmen nun für die Lega)*, bestätigt das ein Muster, das so simpel ist, dass man es kaum mehr aussprechen möchte: Wer sich tagtäglich bemühen muss, so zu leben, dass sein Geld bis zum Monatsende reicht, dem ist es ziemlich egal, ob Berlusconi mit einer oder mit zwei Frauen ins Bett geht. »Genossen«, die Yachten besitzen und über hohe Werte dozieren, für die man kämpfen müsse, bringen ihn da mehr auf die Palme.*

Domenica Grangiotti

Die italienische Linke ist und bleibt unsympathisch. Ihr arroganter, dünkelhafter Gestus moralischer Überlegenheit macht sie unerträglich, weil sie Leute, die anders den-

ken, als hirnlose Esel betrachtet, die keines kritischen Ur-
teils fähig seien. Dieser völlige Mangel an Bescheidenheit
verhindert jene selbstkritische Haltung, die es möglich
macht, auch Fehler zuzugeben und Abhilfe zu schaffen.
Niemand kann gesund werden, der nicht zugeben will,
dass er krank ist. Das eigentliche Problem der Linken
liegt darin, dass sie die Realität nur durch einen ideologi-
schen Filter wahrnimmt und unfähig ist, sie tatsächlich
zu erfassen und sich ihr anzupassen. Es ist sinnlos, zu be-
weisen, dass Mr. B ein Krimineller ist, damit nimmt man
ihm keine Wählerstimmen. Aber Ihr von der Linken habt
das immer noch nicht begriffen.

Patrizio Giulioni

Diese Briefe, die in den Jahren 2009 und 2010 in meinem Internetforum *Italians* erschienen sind[6], offenbaren ein weitverbreitetes Gefühl: Auch für Leute, die B. nicht mögen und ihn nicht wählen, ist die italienische Linke häufig nicht zu verstehen. Mit zerknirschter Miene trägt sie konfuse Lösungen für komplexe Probleme vor. Aber die Leute wünschen sich einfache Lösungen, die mit einem Lächeln vorgestellt werden. Vielleicht ist es übertrieben, die italienischen Verhältnisse mit jener Abkürzung zu beschreiben, die Margaret Thatcher geprägt hat, um die Alternativlosigkeit ihrer Politik und ihre eigene Unentbehrlichkeit deutlich zu machen: T.I.N.A., *There Is No Alternative* (Es gibt keine Alternative). Aber offensichtlich ist auch: B. leidet nicht an übermäßig vielen Konkurrenten.

Wie wir schon gesehen haben, hat er es geschafft, sich das Image des »zupackenden Politikers« zuzulegen.

Handeln – ob gut oder schlecht oder auch nur im eigenen Interesse, das ist zweitrangig. Aber handeln, oder zumindest den Eindruck zu erwecken, als tue man etwas, ist wichtig. Von seinen Ministern verlangt er, dass sie bei jeder Gelegenheit herunterbeten, welche Gesetze, Reformen und Maßnahmen die Regierung in Angriff genommen hat. Eine detaillierte Liste hat Bildungsministerin Mariastella Gelmini der Zeitung *Il Giornale* diktiert (nachdem sie erklärt hat, dass der »Cavaliere ein Talent-Scout« sei, »der junge Leute, die es verdient haben, nach vorne bringt. Bei den Linken sieht man dagegen nie mal ein neues Gesicht«):[7]

- Begrenzung der öffentlichen Ausgaben
- Stopp der Flüchtlingsboote im Mittelmeer
- Wohnungsbauförderung und Bau neuer Gefängnisse
- Abschaffung der Immobiliensteuer ICI auf die Erstwohnung
- Rückkehr zur Kernkraft
- neue Straßenverkehrsordnung
- Wiederaufnahme von Großprojekten
- Universitätsreform
- Schulreform
- Reform des öffentlichen Dienstes
- Kürzung der Ausgaben regionaler Gesundheitsämter
- Kampf gegen die organisierte Kriminalität
- Wiederaufbau des Erdbebengebietes in den Abruzzen
- Müllnotstand in Kampanien
- Rettung der Fluggesellschaft Alitalia.

Nun muss man sie nicht alle für bare Münze nehmen, die Erklärungen einer amtierenden Ministerin, die in der Kunst des Vereinfachens, der Zuspitzung und des Auslassens geübt ist. Stellen wir auch in Rechnung, dass einige dieser »Erfolge« provisorisch (Müll in Neapel) sind, umstritten (Schule), noch lange nicht realisiert (Gefängnisse, Wohnungsbau, Kernkraft, Universität) oder nicht allein der Regierung zuzurechnen (Abruzzen), während andere zu Lasten des Steuerzahlers erreicht wurden (Alitalia) oder um den Preis großer Not und internationaler Proteste (illegale Einwanderung). Andere Erfolge sind jedoch unbestreitbar, wie die Eindämmung der Staatsverschuldung, die sogar von der britischen Wochenzeitung *The Economist* gelobt wurde, oder die Schläge gegen die organisierte Kriminalität.[8]

Und was ist mit den Schwierigkeiten und Misserfolgen? Für die sind andere verantwortlich zu machen: Bürokraten, Richter, politische Gegner, die oft beschworenen imaginären »starken Kräfte«, die Weltwirtschaft. Die Bevölkerung davon zu überzeugen, diese Aufgabe übernehmen die großen Nachrichtensendungen im Fernsehen. Um den »Five-Million-Club«, die fünf Millionen gut informierter Italiener, kümmern sich Professoren-Minister wie Renato Brunetta oder Giulio Tremonti: »In Italien«, hat Letzterer erklärt, »haben wir einen ganzen Berg überflüssiger Regeln geschaffen, die nur blockierend wirken. Dahinter steht die Ideologie einer perfekten Gesellschaft mit perfekten Gesetzen, perfekten Rechten und Pflichten. Das ist anders bei den Wirtschaftsriesen im Ausland, mit denen wir in Konkurrenz stehen.«[9] Die Apologie der Unvollkommenheit, eine Wissenschaft, die in Italien ein weites Arbeitsfeld findet.

Dann wäre da noch die *Lega Nord*, die so etwas wie Giulio Tremontis Stütze ist. Eine regional begrenzte Bewegung, populistisch und populär, die lebt und gedeiht dank der Einfallslosigkeit ihrer Gegner.

Populär ist ein Kompliment, populistisch keine Beleidigung, regional eine Tatsache. Um die norditalienischen Wähler zu begeistern, beleidigt ihr Chef Umberto Bossi schon mal die aus südlicheren Regionen (auf dem Fest *Sagra della Patata* im lombardischen Lazzate am 27. September 2010: »S.P.Q.R., *Sono Porci Questi Romani!*«* Aber der Antagonismus ist das Benzin einer Nation, in deren Motor, wie wir noch sehen werden, der Sieneser Palio steckt. Solche Ausbrüche kommen und gehen, aber die *Lega Nord* bleibt mit ihren Protesten (gegen die Verschwendung), Vorschlägen (für ein föderales Steuersystem) und Hirngespinsten (die Unabhängigkeit eines norditalienischen Staates Padanien).

So wie die Volksentscheide zur Wahlrechtsreform, so wie *Mani Pulite* und *Forza Italia* war auch der Erfolg der *Lega Nord* Anfang der neunziger Jahre die Reaktion auf ein erstarrtes, korruptes Parteiensystem. Obwohl die *Lega* heute ein Stützpfeiler der Regierung ist, stehen die *leghisti* der parlamentarischen Demokratie nach wie vor

---

* S.P.Q.R. Senatus Populusque Romanus, Hoheitszeichen des antiken Rom, ausgelegt als: »Die sind Schweine die Römer«, d. Übers.

174

skeptisch gegenüber. Das ist auch der Grund, weshalb sie die Richtungswechsel, die Widersprüche und den leninistischen Führungsstil ihres Chefs Umberto Bossi dulden, den ihm sein Parteifreund, der heutige Innenminister Roberto Maroni, einmal folgendermaßen bescheinigt hat: »Lenin wusste, was eine Partei ist: Tausende von Menschen, die motiviert werden müssen, einer an der Spitze bestimmt, wo es langgeht, und die anderen führen den Plan aus.«

Der Parteichef ist clever. In einem Land von Cleveren, von *furbi*, hat er da beste Karten. Viel Wasser ist unter den Brücken Italiens entlanggeflossen, seit der Senatùr, wie er auf Lombardisch genannt wird, am Steuer eines gemieteten Citroën auf der Autobahn A8 von Mailand zu den oberitalienischen Seen Interviews gab und dabei den Blick mehr dem Interviewer als der Straße zuwandte (1992). Oder seit dem Tag, als er einem entgeisterten Jonny Grimond, *foreign editor* des Magazins *Economist*, unbedingt die Zeichnung einer Rakete mit der Aufschrift »Padania« zeigen wollte, die gerade vom Sumpf Italien abhebt (1997). »*I show you the rocket*«, ist ein Satz, an den man sich noch heute in der Londoner Redaktion erinnert.[10]

Viel Wasser war es, wie gesagt, und das der *Lega* ist weniger trüb als das anderer Parteien. Wer auf der Brücke steht und erahnen möchte, wohin der Fluss fließen wird, muss das durchschauen, anstatt sich darauf zu beschränken, die Widersprüche, die polemischen Ausfälle oder die Wahl des Bündnispartners zu kritisieren, den man in den Palazzo Chigi gebracht hat und an der Macht hält.

Zupackend und populär, beherzt und berühmt: vier Adjektive für B., die die italienische Linke nicht zu fassen bekommt und mit denen er selbst wie ein Artist jongliert. Der Journalist und Schriftsteller Pietrangelo Buttafuoco vertritt die Ansicht: »Der Einzige, der es in die Geschichtsbücher schaffen wird, die in der Zukunft einmal vom Italien unserer Tage berichten werden, ist Silvio Berlusconi, weil er in besonderem Maße extravagant ist, exzentrisch und subversiv.«[11] Lassen wir die provozierende Vereinnahmung der Zukunft außer Acht, die in der Aussage steckt und mit der die italienische Rechte gern die Probleme unserer heutigen Demokratie überspielt, so bleibt doch ein richtiger Gedanke: Frei von Konventionen und Überzeugungen, reich an Enthusiasmus und arm an Skrupeln, gelingt es B., indem er öffentliche Ämter und private Interessen vermengt, moderner als seine Gegner zu erscheinen.

Als er begriffen hatte, dass die sogenannte Rechte der Regeln, für die etwa die Journalistenlegende Indro Montanelli gekämpft hatte, immer eine Minderheit bleiben würde, baute er ein andere Rechte auf: sprunghaft und populistisch, kraftstrotzend und karrieristisch, realistisch und relativistisch. Ein neues Zuhause für heimatlose Sozialisten und Neochristdemokraten, Antikommunisten und Exkommunisten, Exfaschisten und Postfaschisten, Idealisten und Zyniker, religiös Bekehrte und gerichtlich Verfolgte. Um eine Mehrheit zustande zu bringen, hat er Parteien der extremen Rechten genauso aufgenommen wie Überbleibsel der Liberalen und der Republikaner, nach Unabhängigkeit strebende Sizilianer und separatistische Norditaliener.

Heraus kam eine Partei ohne Parteitage, mit einer einzigen Spitze und nur einem Verbündeten (der *Lega Nord*), eine Partei, die in siebzehn Jahren verschiedene, aber nicht zu viele Namen bekam: *Forza Italia, Polo della Libertà, Casa della Libertà* und schließlich, nach der Eingliederung von Finis *Alleanza Nazionale, Popolo della Libertà*. Veränderungen im Wahlrecht haben den Rest besorgt. Das nun Gültige beschenkt bekanntermaßen die zahlenmäßig stärkste und am besten organisierte Minderheit mit der Mehrheit der Parlamentssitze. Raten Sie mal, um wen es sich dabei handelt und wer sie zusammengebracht hat.

Auf der anderen Seite, bei der Opposition, finden wir dagegen einen Wust von Namen, Abkürzungen und Bündnissen. Die größte ist die Demokratische Partei *Partito Democratico* (PD) unter dem Vorsitzenden Pier Luigi Bersani, den Massimo D'Alema mit einem neuen Olivenbündnis *Ulivo* lockt und der von Walter Veltronis altem Olivenbündnis kritisiert wird. Frühere Namen und Strömungen der Partei waren: *Cosa, Quercia* (Eiche), *Cosa 2, Partito Democratico della Sinistra*/PDS (Partei der demokratischen Linken), *Democratici di Sinistra*/DS (Demokraten der Linken), *Alleanza per la Democrazia* (Bündnis für Demokratie), *Alleanza dei Progressisti* (Bündnis der Progressiven), *Grande Alleanza Democratica*/GAD (Großes Demokratisches Bündnis), *Federazione per l'Ulivo*/FED (Förderation für den Ölbaum), *Democratici per l'Ulivo* (Demokraten für den Ölbaum) und noch weitere, die mittlerweile in Vergessenheit geraten sind. Weitere Oppositionsparteien und -gruppierungen sind Antonio Di Pietros *Italia dei Valori*/IDV

(Italien der Werte), Beppe Grillos *Movimento Cinque Stelle* (Bewegung der fünf Sterne), die *Sinistra Ecologia* (Linke Ökologie) und Nichi Vendolas *Libertà* (Freiheit), Francesco Rutellis *Alleanza per l'Italia* (Bündnis für Italien), Radikale, Sozialisten sowie eine Reihe von Gruppen, die sich kommunistisch nennen und auf ihren Anachronismus stolz sind. Unsicher ist noch, wie sich Pier Ferdinando Casinis *Unione di Centro* (Zentrumsunion) positionieren wird, vor allem aber die *Libertà per l'Italia* (Freiheit für Italien), die der von B. verstoßene Präsident der Abgeordnetenkammer Gianfranco Fini kürzlich gegründet hat.

Die italienischen Wähler fühlen sich angesichts dieses Angebots so verloren wie Käufer in einem gigantischen Supermarkt, in dem es keine Preisschilder, Markennamen oder Verkäufer gibt. Die einen nehmen lustlos etwas mit, andere verzichten darauf, und alle streben so schnell wie möglich dem Ausgang zu.

Dort erwartete sie ein klein gewachsener, gut gekleideter, lächelnder Mann. Den ganzen Tag steht er dort an der Schwelle und verkauft an alle das gleiche Produkt, aber das gekonnt. Er erklärt es mit einfachen Worten, amüsiert die Kundschaft, weckt Vertrauen und lässt beim Preis mit sich reden.

Und viele sagen: Gut, warum nicht?

10

Der Palio-Faktor

Die Freude über den Sieg ist nichts, gemessen an dem Jubel über die Niederlage des Gegners.

Das steht zwar nicht in Francesco Guicciardinis berühmter *Geschichte Italiens*, ist aber dennoch der Kern einer traditionsreichen, immer noch hochmodernen italienischen Angewohnheit. Das deutsche »Schadenfreude« meint die boshafte Freude angesichts des Fehlschlags eines anderen, ein intimes Gefühl, das man niemandem gestehen würde. Unsere Euphorie, durch den Misserfolg eines Gegners ausgelöst, ist aber eine öffentliche Stimmung, die akzeptiert wird. Da es für sie noch kein treffendes Wort gibt, müssen wir uns eben eines einfallen lassen. Ich nenne sie den Palio-Faktor.

Beim Palio, dem historischen Pferderennen in Siena, zählt der Sieg; ebenso jedoch, und vielleicht sogar noch mehr, kommt es darauf an, dass der Rivale verliert. Die Feindschaft zwischen bestimmten Stadtvierteln, den *contrade* mit ihren Tiernamen, die den Wettkampf austragen, beruht notwendigerweise auf Ge-

genseitigkeit. Wenn der Adler den Panther verabscheut, verachtet auch der Panther den Adler. Wenn
das Stachelschwein die Wölfin unerträglich findet,
kann auch die Wölfin das Stachelschwein nicht ausste-
hen; wenn das Käuzchen dem Einhorn feindlich ge-
sinnt ist, so wünscht auch das Einhorn dem Käuzchen
nichts Gutes.[1] Diese Paarungen sind nicht in Stein ge-
meißelt, haben sich aber über lange Zeit hinweg einge-
spielt. Aversionen sind wie ein Tango, den tanzt man
nicht allein.

Der aktuelle Triumphator des Palios ist ein als Trec-
ciolino (»Zöpfchen«) bekannter Reiter, eigentlich nicht
der passende Name für die Einleitung einer Analogie zu
dem *Cavaliere* (Reiter), um den es uns hier geht. Mit
richtigem Namen heißt er Luigi Bruschelli und hat den
Palio zwölfmal gewonnen, nur zweimal weniger als der
legendäre, als Aceto (Essig) bekannte Andrea De Gortes
und drei Längen hinter Bastiancino (Mattia Mancini),
der in der zweiten Hälfte des 18. Jahrhunderts insgesamt
fünfzehnmal gewonnen hat. B. steht bei drei gewonne-
nen Parlamentswahlen, kann aber auch Erfolge bei den
Regional- und Europawahlen sowie Volksentscheiden
vorweisen. Von der Karriere her darf er es also mit den
Besten aufnehmen.

Seit sechzehn Jahren geht es bei jeder Wahl um ihn.
Den Italienern ist das bewusst, und sie stöhnen darüber,
doch im Grunde missfällt es ihnen nicht. Überall zwischen Savona oben im Norden und Siracusa unten im
Süden stehen wir zu unserer *contrada*. Die Treue zu einem Mann und seiner Flagge spiegelt sich wider in der
Feindschaft zur Fahne der Gegenseite und dem, der sie

trägt. Das ist eine Sache des Bauches, nicht des Kopfes. Man hält nicht zu einer *contrada*, sagt man in Siena, man gehört ihr an.

Wie ich in diesem Buch zu zeigen versucht habe, ist die Begeisterung für B. genauso wie die Abneigung gegen ihn häufig präpolitisch. Er verkörpert und weckt Eigenschaften, die auf manche beruhigend wirken und die andere auf die Palme bringen (vielleicht auch, weil sie sich zum Teil selbst darin erkennen). Doch wem sie ein gutes Gefühl vermitteln, der erträgt es nicht, dass andere Leute sie unerträglich finden, und erklärt diesen im Stillen einen Krieg, der sein Leben bereichert.

Die italienische Linke besitzt, wie wir gesehen haben, die wundersame Fähigkeit, antiquiert zu erscheinen und die Leute zu verärgern. B. hat das von Anfang an gespürt und hält fortwährend den Finger in die Wunde. Seine Videoansprache aus dem Jahre 1996, als er seinen Einstieg in die Politik verkündete, wiederholt er auch heute, mit wenigen Änderungen, immer noch gern.

Die linken Parteien im Lande behaupten, sie hätten sich verändert. Sie seien jetzt sozialdemokratisch, behaupten sie. Aber das ist nicht wahr. Es sind immer noch dieselben Männer wie früher, es ist immer noch dieselbe Mentalität, dieselbe Kultur. Auch ihre tiefsten Überzeugungen und Verhaltensweisen sind die gleichen geblieben.
(26. Januar 1994)

Seit Jahren schon behauptet die Linke, sie habe sich verändert. Aber das ist nicht wahr. Es sind noch dieselben

Männer, und auch ihr Verhalten ist noch dasselbe. Und die Verbündeten, die sie sich gesucht hat, sind sogar noch schlimmer als sie selbst. Es ist eine fürchterliche Mischung, bei der sie Arm in Arm, oder besser an Handschellen, mit dem Meister des Justizialismus marschieren (20. März 2010)

Ich habe mir noch einmal angehört, was ich vor sechzehn Jahren über die Linke gesagt habe. Es ist tatsächlich immer noch dieselbe Linke wie früher auch (...) In all den Jahren ist sie ihrer Vergangenheit treu geblieben: Es sind dieselben Männer, sogar dieselben Parteizentralen, dieselbe Ideologie, dieselbe Arroganz, dieselbe Überheblichkeit, dieselben Anschauungen, die alles andere als demokratisch sind.
(3. Oktober 2010)[2]

Warum erinnert B. bei allen möglichen (und unmöglichen) Gelegenheiten an eine gescheiterte Ideologie wie den Kommunismus?[3] Weil dieser lange Jahre das nationale Schreckgespenst war und die Furcht vor ihm oft zu einer echten Familientradition wurde. Es ist nicht ungewöhnlich, dass ein heute Zwanzigjähriger, der nach dem Fall der Berliner Mauer zur Welt gekommen ist, verkündet: »Nein, Kommunisten werde ich niemals wählen!« Dabei konnte er sie früher nicht kennen, als es sie noch gab, und heute kennt er sie genauso wenig, weil es sie nicht mehr gibt. Dennoch fürchtet er, sich anzustecken, als handele es sich um eine Krankheit. Die meisten Italiener mögen schon das Wort »Kommunismus« nicht: Es erinnert an ein historisches Scheitern und

mahnt einen Altruismus an, der ihren Instinkten widerspricht. B. weiß das und spielt damit. Denkwürdig sein
Solo bei einer Wahlkundgebung in Cinisello Balsano
bei Mailand am Abend vor der Stichwahl zum Provinz-
parlament beziehungsweise -präsidenten, am 19. Juni
2009: »Ihr seid auch heute noch, so wie immer schon,
nichts weiter als bedauernswerte Kommunisten!«[4]

Antikommunismus ist aber nicht das einzige Mittel, mit
dem B. die Parteilichkeit der Italiener kitzelt. Für jede
Wählergruppe hat er den passenden Gegenspieler ausgemacht, den er, zur Freude dieser Gruppe, scharf aufs
Korn nimmt. Für die Katholiken wettert er gegen die
Antiklerikalen, für die Zügellosen gegen die Moralisten,
für die von Strafverfahren Betroffenen gegen die Richter, für Postfaschisten gegen Antifaschisten, für Revi-
sionisten gegen alte Partisanen, für Bauherren gegen
Umweltschützer, für Jäger gegen Tierfreunde, für Steuerhinterzieher gegen das Finanzamt, für Fremden-
hasser gegen Kritiker Italiens im Ausland. Nur für die
Süditaliener über die Norditaliener herzuziehen und
für die Norditaliener über die Süditaliener, das war nie
nötig: Das haben schon die *Lega Nord* und die Verbündeten in Sizilien übernommen.

B. versteht es, lächelnd Gruppen gegeneinander auf-
zuhetzen. Und da es in Italien so viele Gruppen gibt
und die Rivalitäten so erbittert sind, kann er das Spiel
bis in alle Ewigkeit fortsetzen. »Das würden wir bei euch
niemals machen. Wir sind für die Freiheit. Unsere Einstellung ist liberal, wir wollen nicht verhindern, dass ihr
eure Meinung kundtut«, rief er im Dezember 2009 auf

der Piazza del Duomo in Mailand den Protestierenden zu, kurz bevor ihn ein geistig verwirrter Mann verletzte. »Deswegen müssen wir uns gegen euch wehren. Weil ihr Italien in ein Land verwandeln wollt, in dem das Geschrei der Straße die Politik bestimmt (...) Misstrauen Sie den Leuten, die schon immer so waren, die nicht über sich lachen können, die alles viel zu ernst nehmen, die immer wütend sind, die nicht lächeln können, die es nie gelernt haben, ihre Mitmenschen zu lieben!«[5]

Liebe gegen Hass. Rechts gegen Links. Wir gegen euch. Ich gegen alle. Der Palio von Siena wird zweimal im Jahr ausgetragen, der Palio von B. endet nie. Italiens *contrade* sind erschöpft, aber die Kraft zu streiten finden sie immer noch.

In der Geschichte und Kultur unseres Landes wimmelt es von ewigen Rivalitäten. Im Sport (die Radfahrer Bartali/Coppi, die Fußballer Rivera/Mazzola, die Vereine Inter Mailand/Juventus Turin, die Motorradfahrer Rossi/Biaggi), im Film (Gina Lollobrigida/Sophia Loren, Peppone/Don Camillo), im Fernsehen (die Showmaster Pippo Baudo/Mike Bongiorno), in der Musik (Morandi/Villa, Ligabue/Vasco Rossi), bei den Motoren (Vespa/Lampretta), Lancia/Alfa), bei den Modeschöpfern (Armani/Valentino). Auch die Geografie Italiens stellt sich, nicht zuletzt historisch bedingt, als binäres System einander entgegengesetzter Städte dar: Mailand/Turin, Triest/Udine, Verona/Brescia, Bologna/Modena, Crema/Cremona, Pisa/Livorno, Florenz/Siena, Neapel/Salerno, Palermo/Catania, Bari/Lecce, Catanzaro/Reggio Calabria, Cagliari/Sassari. Fehlt ein externer Rivale, sucht man sich einen daheim. In dem Städtchen Fucecchio in der Provinz Florenz lebten die *inguesi* (aus dem unteren Teil des Ortes) und die *insuesi* (aus dem oberen Teil) in ständigem Streit. Und so kam es, erzählte der in Fucecchio geborene Indro Montanelli schmunzelnd, dass eine Heirat zwischen einem Jungen aus der Oberstadt und einem Mädchen aus der Unterstadt (oder umgekehrt) als Mischehe galt.

Die Nähe schwächt solche Feindseligkeiten also nicht ab, sondern spitzt sie eher zu. Es ist schwer, mit jemandem zu konkurrieren, der am anderen Ende des Stiefels zu Hause ist; richtig Spaß macht es erst, wenn der Rivale direkt gegenüber auf der anderen Straßenseite wohnt. B. hat das verstanden. Deswegen sucht er überall Feinde und bietet sich fortwährend als Gegenspieler an. Es gibt Leute und politische Gruppierungen, die den Antiberlusconismus zu ihrem Lebensinhalt gemacht haben. In dieser Haltung hat sie der Betroffene immer bestärkt, auch wenn er sie zu bedauern vorgibt. Es ist kein Zufall, dass Fausto Bertinotti (der Kommunist) immer so häufig im Fernsehen zu sehen war[6] und es Antonio Di Pietro (der »Justizilialist«) noch heute ist.

Dieses Spiel muss Walter Veltroni, dem Kandidaten des Mitte-Links-Lagers, im Wahlkampf 2008 bewusst geworden sein. Aber er hat den Gegenzug übertrieben und es sich sogar verkniffen, den Namen Berlusconi überhaupt noch auszusprechen, den er fortan mit wichtigster Vertreter des uns entgegengesetzten Lagers« ersetzte. Eine Umschreibung, die gar zu künstlich war, um nicht zu verraten, was dahintersteckte: eine Feindseligkeit, die der seiner Vorgänger in nichts nachstand.

Im bipolaren politischen System Italiens stehen sich heute nicht wie in anderen Demokratien zwei verschiedene Programme, zwei Grundrichtungen gegenüber, sondern zwei Idiosynkrasien. Aber nicht Berlusconismus und Antiberlusconismus, wie man annehmen könnte, sondern Antiberlusconismus und die Reaktionen darauf. B.s Anhänger sind nämlich in erster Linie die Gegner seiner Gegner. Die Linken verlieren zu sehen, ist für die Rechten die größte Freude.

Wenn man dadurch auch noch selbst gewinnt, umso besser.

Eine Nation von Konservativen, wie wir es sind, verlangt nach revolutionären Parolen: So lässt sich das Gewissen beruhigen, und man kann weitermachen wie bisher. Die Rechte hat das verstanden, die Linke noch nicht.

Der Turiner Bürgermeister Sergio Chiamparino, ein Mann aus dem Mitte-Links-Lager, schreibt in seinem Buch *La sfida* (»Die Herausforderung«): »Die Spitze der Rechten hat es verstanden, sich als die Kraft zu präsentieren, die das System bekämpft. Sie sind es, die das Winterpalais erstürmen. Und wir sind der Zar, der seine Privilegien verteidigt und die Sofas vor die Türen rückt, in einem letzten verzweifelten Versuch, sie aufzuhalten.«[7]

Das Zitat verrät die Generation des Autors – viele junge Italiener werden nicht an die Eremitage der Zaren in Petersburg denken, sondern das Winterpalais für eine Art weihnachtliche Villa Certosa halten, die auf fröhliche Ferientage des Chefs wartet –, trifft aber die

Sache. Silvio Berlusconi und Umberto Bossi schaffen es, sich gegen alle Tatsachen als zukunftsorientierte Draufgänger darzustellen. Und die Linke sieht sich immer wieder in die Rolle von Kunstkritikern gezwungen, die sich mit Plagiaten beschäftigen müssen. Auf Dauer langweilt das.

Wenn mir der Sprung von der Kunst zur Biologie erlaubt ist, könnte man auch mutmaßen, dass es sich um eine parasitäre Lebensform zweier Arten handelt, bei der die eine auf lange Sicht verkümmert und die andere immer prächtiger gedeiht. Es ist zu wenig, den Namen des Gegners nicht auszusprechen. Man muss die Menschen auch davon überzeugen, dass man ohne ihn leben kann.

Es reicht nicht, modern zu sein, man muss auch so wirken. Tony Blairs *Labour Party* konnte die Konservativen in den neunziger Jahren erst schlagen, nachdem sie dazu übergegangen war, Margaret Thatcher wie ein sympathisches Museumsstück zu behandeln. David Camerons Konservative schufen die Voraussetzungen für ihren Wahlsieg 2010, als sie *Labour* die gleiche Behandlung angedeihen ließen: Wir sind die neue Kraft, ihr habt eure Milch gegeben. Danke, lebt wohl.

Es ist sinnlos, B. vorzuhalten, dass er Versprechungen nicht eingelöst hat. Er wird entgegnen, dass man ihn daran behindert habe, er wird Fehler der Partei erwähnen, aber nicht der Regierung[8], – unfaire Gegner, zu strenge Bestimmungen, internationale Verschwörungen und ungünstige Sternenkonstellationen. Stattdessen sollte die Opposition den Wählern präzise Gegenvorschläge unterbreiten, klare Vorstellungen davon, wie sich das Land entwickeln soll, einen realisierbaren Traum.

Italien gleicht einem Zug, der irgendwo auf freiem Feld stehen geblieben ist: Der Lokführer streitet mit dem Zugbegleiter, und die Passagiere sehen ihnen dabei zu und halten entweder dem einen oder dem anderen die Daumen.

Die Feiern zum einhundertfünfzigjährigen Bestehen des vereinten Italien (1861–2011) werden unter dem Gezänk ergrauter Landsleute und dem Gähnen vieler junger Italiener begangen werden. Konzentrieren wir uns lieber auf das Jahr 2020, eine ästhetisch interessante Zahl, was in Italien immer von Bedeutung ist.

B. wird dann eine Erinnerung sein, die mehr und mehr verblasst. Ein Albtraum für einige, ein Verlust für andere. Für alle aber sollte es eine Mahnung sein. Wie der Schauspieler und Sänger Giorgio Gaber gesagt hat, zählt nicht Berlusconi an sich, sondern der Berlusconi in uns.[9] Das ist auch dem Betroffenen selbst aufgefallen. »Warum mögen mich so viele Italiener? Weil die meisten im Grunde ihres Herzens gern so sein möchten wie ich.«[10]

Für ihn war die Sache ein gelungenes Geschäft. Für uns etwas weniger.

Wie dieses Buch entstand

Der Ausgangspunkt dieses Buches war ein anderes Buch, das ich geschrieben habe: *La testa degli italiani*, 2005 in Italien erschienen, kam in den USA unter dem Titel *La Bella Figura* (2006) und in der deutschen Übersetzung als *Überleben in Italien* (Blessing Verlag, 2007) heraus und wurde schließlich auch in gut einem Dutzend anderer Länder veröffentlicht. Auf meinen Lesereisen durch Europa und die Welt wusste ich bald schon, welche Frage mir das Publikum als erste stellen würde: »Berlusconi. Warum?«

Manchmal war es ein bestürztes Warum, andere Male ein neugieriges. Die Menschen im Ausland, gleich welcher politischen Einstellung, verstanden und verstehen auch heute noch nicht den lang anhaltenden Erfolg dieses Mannes. Sie wissen bloß, dass er seit seinem Einstieg in die Politik vor siebzehn Jahren die politische Szene in Italien beherrscht und das Hauptgesprächsthema, manche sagen auch das einzige Thema, geworden ist.

Warum fällt den Leuten in anderen Ländern das Verständnis so schwer? Wahrscheinlich weil schon der Kopf der Italiener mysteriös, ihr Bauch aber geradezu esoterisch ist. Und eine gastroenterologische Untersuchung kann komplizierter als eine psychologische sein.

Mir wurde das immer klarer, während ich für den *Economist* schrieb (1993–2003), die *Sunday Times* (1993–1994), das Nachrichtenmagazin *Time* (2008) und den *New York Times Syndicate* (2007–2009). Weiter bestätigt wurde es mir im Jahr 2010, als mich die *Italian Society* der London School of Economics (LSE) einlud, einen Vortrag zu diesem Thema zu halten. Zu diesem Anlass – es war Donnerstag, der 4. Februar 2010, im Saal D202 – hatte ich den Titel: *Signor B.: An Italian Mirror?* (Signor B.: ein Spiegel Italiens?) sowie auch die Gliederung nach Faktoren gewählt, die zum Gerüst des vorliegenden Buches wurde.

Die gleiche Frage – wie ist das möglich, dass ihr Italiener euch Berlusconi ausgesucht habt, ihn stützt und in Schutz nehmt? – wird mir mit beeindruckender Regelmäßigkeit von vielen Journalisten und Schriftstellern gestellt, die ich in Italien und im Ausland treffe. Etwa von meiner Freundin Anne Applebaum, die über unsere Gespräche dann in ihrer Kolumne in der *Washington Post* berichtet, von meinem früheren Herausgeber Bill Emmott, dem Autor von *Forza, Italia* (Rizzoli 2010), von dem englischen Historiker David Gilmour, der diese Frage in seinem Buch *The Pursuit of Italy* (Penguin, 2011) thematisiert, von Matt Kaminsky vom *Wall Street Journal,* Doyle McManus von der *Los Angeles Times*, den Kollegen von der BBC und vielen anderen mehr. Bei ihnen allen stieß ich eher auf Neugier als auf Vorurteile. Anders als viele italienische Kommentatoren waren sie ernsthaft bemüht, eine Antwort zu finden.

Auf eine ähnlich offene Haltung stieß ich allerdings auch bei vielen italienischen Jugendlichen. Dabei handelte es sich jedoch nicht um öffentliche Begegnungen, denn ich habe nie in Erwägung gezogen, in Schulen Vorträge über Berlusconi zu halten (einige Eltern wären vielleicht begeistert gewesen, viele aber auch stinksauer). Die jungen Leute, die ich hier meine, sind mein Sohn und seine Freunde, viele Neffen und Nichten, die Kinder von Freunden und Bekannten, junge Besucher meines Forums *Italians* auf Corriere.it. Immer wieder, wenn man auf das Thema kommt, und in Italien lässt es sich schlecht vermeiden, darüber zu sprechen, stelle ich fest, wie viele neugierige junge Leute einen Mann begreifen möchten, der – ob es einem gefällt oder nicht – während ihrer ganzen Kindheit und Jugend die politische Szene beherrscht hat. Es gab auch andere wichtige Politiker zwischen 1994 und heute. Aber wer glaubt, ein Achtzehnjähriger würde sich an den Harakiri Romano Prodis im Jahr 1998 erinnern, der irrt.

Was bleibt sonst noch zu sagen? Vielleicht ein Wort unseres großen Manzoni, auch wenn es nicht mehr ganz neu ist: *Ai posteri l'ardua sentenza*, den Nachfahren das schwierige Urteil. Denn in diesem Fall wird es keine Verjährung geben. Silvio Berlusconi wird sein Urteil bekommen.

Ziel war ein möglichst ausführliches Verzeichnis der Quellen, die neben der Literatur auch Videodokumente auf YouTube umfassen. Die Titel der einzelnen Videos und die sie begleitenden Kommentare geben nicht die Meinung des Autors wieder.

Der Verlag ist für die Inhalte der angegebenen Websites nicht verantwortlich und bittet um Entschuldigung, falls sie zu einem späteren Zeitpunkt nicht mehr zur Verfügung stehen sollten.

Anmerkungen

1. DER FAKTOR MENSCH

1 Fiorenza Sarzanini, *Autoscatti a Palazzo Grazioli. La serata delle tre ragazze* (»Spiegelfotos im *Palazzo Grazioli*. Der Abend der drei Mädchen«), *Corriere della Sera*, 22. Juni 2009. In: Corriere.it: http://bit.ly/boDIRo.

2 Piero Gobetti, *Elogio della ghigliottina* (»Lob der Guillotine«), in: *La Rivoluzione Liberale*, 1. Jahrgang, Nr. 34, 23 November 1922: »Doch der Faschismus war mehr; er war die Autobiografie der Nation«. (Quelle: http://www.erasmo.it/liberale/, Digitales Archiv des *Centro studi Piero Gobetti* www.centrogobetti.it)

3 Rom, Pressekonferenz anlässlich des italienisch-ägyptischen Gipfeltreffens am 19. Mai 2010.
E il premier scambia Google con Gogol, (»Der Ministerpräsident verwechselt Google mit Gogol«), *Corriere della Sera*, 20. Mai 2010.
In: Corriere.it: http://bit.ly/cozMQM

4 Persönliche Information des Autors.

5a Cáceres (Spanien), Gipfeltreffen der EU-Außenminister, 8. Februar 2002. In: Repubblica.it: http://bit.ly/diVtqz.

5b Straßburg, Präsentation der italienischen EU-Ratspräsidentschaft, 2. Juli 2003. Auf: YouTube: http://bit.ly/aNDovz.

5c Porto Rotondo, Privatbesuch von Tony Blair in Berlusconis Villa auf Sardinien am 16. August 2004. In: *News di Libero*.it: http://bit.ly/borXrl.
Paola Di Caro, *Calzoni di lino e bandana, Silvio spinge Tony al bagno di folla* (»Leinenhose und Kopftuch, Silvio drängt Tony

zum Bad in der Menge«), *Corriere della Sera*, 17. August 2004.

5d Bozen, Wahlkampfveranstaltung mit Michaela Biancofiore, 29. Mai 2005. In: Corriere.it: http://bit.ly/amug4b; auf: You-Tube: http://bit.ly/9nHX9o.

5e Parma, Einführung der Europäischen Behörde für Lebensmittelsicherheit, 21. Juni 2005. In: Corriere.it: http://bit.ly/cAUdvh; auf: YouTube/Blob: http://bit.ly/a2wwEr.

5f Neapel, Wahlkampfveranstaltung am 26. März 2006. Auf: YouTube: http://bit.ly/9bN8GR.

5g Rom, Besuch des brasilianischen Präsidenten Luiz Inácio Lula da Silva am 11 November 2008. Auf: Sky Sport24 http://bit.ly/bgWjbY

5h Triest, deutsch-italienisches Gipfeltreffen, 18. November 2008. Auf: Corriere.it http://bit.ly/cE12Tq.

5i Kehl (Deutschland), NATO-Gipfel am 4. April 2009. In: Corriere.it: http://bit.ly/bZyOJa; auf: Sky Tg24: http://bit.ly/bj6FfC.

5j London, G-20-Treffen, 2. April 2009. In: Corriere.it: http://bit.ly/91HUKg; auf: YouTube: http://bit.ly/aftjS1.

5k Rom, vor dem Senat am 30. September 2010. Das New-Start-2-Abkommen zur Begrenzung der Atomwaffenarsenale wurde von Barack Obama und Dimitri Medwedjew am 8. April 2010 in Prag unterzeichnet. Auf: YouTube: http://bit.ly/az3ccW.

6 Nick Squires, *Silvio Berlusconi's top 10 gaffes and pranks*, »Telegraph«, 4. April 2009.
   In: Time.com: http://bit.ly/c5QkOu.
   In: bbc.co.uk: http://bbc.in/bH8Izr.

7 Auf: YouTube: http://bit.ly/dAmysc.

8 Teatro Eliseo in Nuoro (Sardinien), Wahlkampf zu den Regionalwahlen 2009, 17. Januar 2009.
   Rom, Auftritt beim Fest der Jugendorganisation seiner Partei PDL am 12. September 2010. Auf: YouTube/Sky Tg24: http://bit.ly/95kijY.
   Rom, vor dem Palazzo Grazioli, Nacht vom 29. zum 30 September 2010. Auf: YouTube/Repubblica TV: http://bit.ly/9IOZRA

9   Moskau, russisch-italienisches Gipfeltreffen am 6. November 2008. Auf: YouTube: http://bit.ly/bNXrZv.

10 New York, Besuch in den Vereinigten Staaten, Treffen mit Unternehmern am 24. September 2003.
    Gianluca Luzi, *Berlusconi, Show a Wall Street: ho salvato l'Italia dai comunisti* (»Berlusconi-Show an der Wall Street: Ich habe Italien vor den Kommunisten gerettet«), *La Repubblica*, 25. September 2003.
    Maria Latella, *Berlusconi invita Wall Street. In Italia meno comunisti* (»Berlusconi lockt die Wall Street. In Italien gibt es weniger Kommunisten«), *Corriere della Sera*, 25. September 2003.

11 Rom, italienisch-albanisches Gipfeltreffen am 12. Februar 2010.
    Vincenzo La Manna, *Berlusconi scherza con Berisha sulle »bellezze« dell'Albania* (»Berlusconi witzelt vor Berisha über die ›Schönheiten‹ Albaniens«), *Il Giornale*, 13. Februar 2010. Auf: YouTube: http://bit.ly/dqrzR1.

12 Mailand, Parteifest des *Popolo della Libertà*, 3. Oktober 2010. Auf: Sky Tg24: http://bit.ly/cFybhU.

13 Das Wohnungsbauprogramm *Piano Casa*, 6. März 2009. In: Governo.it: http://bit.ly/9ZeHEt.
    In: ilsole24ore.com: http://bit.ly/a7osWo.

14 Enrico Marro, *L'Italia delle case fantasma. Due millioni non denunciate* (»Ein Italien der Geisterhäuser. Zwei Millionen Immobilien nicht registriert«), *Corriere della Sera*, 24. Juli 2010.

15 Massimiliano Scafi, *Ai giovani case con mutui inferiori agli affiti* (»Häuser für junge Leute mit niedrigeren Krediten als Mieten«), *Il Giornale*, 24. Januar 2009.

16 Mailand, 13. Juli 2010, Feier zum 30jährigen Bestehen der Zeitschrift *Capital*. Auf: YouTube/Sky TG24: http://bit.ly/ceJoZ3.

17 Natalia Ginzburg, *Die kleinen Tugenden*, Berlin 2001.

18 Edmondo Berselli, *Post italiani*, Mondadori, Mailand 2003, S. 3.

19 Andrea Romano, *Sottoculturali, tanto beati e incoscienti,* (»Die

Subkulturellen: so glücklich und bedenkenlos«), *Il Sole 24 Ore*, 25. Juli 2010.

20 Renato Farina, *Berlusconi tale e quale. Vita, conquiste, battaglie e passioni di un'uomo politico unico al mondo*, (»Berlusconi wie er leibt und lebt. Leben, Erfolge, Kämpfe und Neigungen eines auf der Welt einzigartigen Politikers«), *Libero*, 2009, Heft 4, S. 73.

21 Francesco Verderami, *Giulio, ti dico: cambia metodo* (»Giulio, ich rate dir: geh anders vor«), *Corriere della Sera*, 17. Juli 2010.

2. DER FAKTOR GOTT

1 Auf: Sky Tg 24: http://bit.ly/b6gG23.

2 Ernesto Galli della Loggia, *Identità italiana*, Il Mulino, Bologna 1998, S. 47.

3a Emilio Costantini, *Ambra è una replicante: ecco le prove* (»Ambra ist eine Androidin: hier die Beweise«), *Corriere della Sera*, 10. Dezember 1994

3b Auf: YouTube: http://bit.ly/cJscPZ; 31 Janunar: http://bit.ly/9Q7GKE.
Paolo Conti, *Boncompagni: caso Ambra? Ragazzate* (»Boncompagni: ein Fall Ambra? Kinderkram«), *Corriere della Sera*, 2. Februar 1994

4 Pierluigi Battista, *Il caso. L'investitura del Cavaliere* (»Der Fall: die Investitur des Cavaliere«), *La Stampa*, 26. November 1994.

5 Silvia Giacomoni, *Ma contro dio più della DC hat potuto la tv*, (»Gottloser als die Christdemokraten war nur noch das Fernsehen«), *La Repubblica*, 30. August 1994.

6 *Una storia italiana* (»Eine italienische Geschichte«) Mondadori Printing 2001, Wahlzeitung. In: www.pdl.it: http://bit.ly/8XmLzQ.
Giuliana Parotto, *Sacra Officina. La simbolica religiosa di Silvio Berlusconi* (»Die religiöse Symbolik des Silvio Berlusconi«), Franco Angeli, Mailand 2007.

Riccardo Bruno, *Letture, orazioni e il 'credo': gli azzuri in semina-rio da Silvio*, (»Lesungen, Gebete und das Glaubensbekennt-nis: Die Fußballnationalspieler im Seminar bei Silvio«), *Cor-riere della Sera*, 11. Mai 2004.

Luigi Frasca, *Sono il Gesù della politica, una vittima* (»Ich bin der Jesus der Politik, ein Opfer«), *Il Tempo*, 13. Februar 2006.

7 Salvatore Dama, *Silvio cerca uomini di buona volontà* (»Silvio sucht Leute, die guten Willens sind«), *Libero*, 27. Dezember 2009.

Siamo il partito dell'amore (»Wir sind die Partei der Liebe«), in: Repubblica.it: http://bit.ly/ao1XOn.

Die ursprüngliche »Partei der Liebe« (*Partito dell'Amore*) wur-de am 12. Juli 1991 von Anhängern Ilona Stallers (als »Ciccio-lina« bekannt geworden) gegründet, einer Pornoschauspie-lerin, die 1987 auf der Liste der Radikalen Partei ins Parla-ment gewählt wurde. Bei den Wahlen im Jahr 1992 stellte sich die Partei nur im 19. Wahlkreis (Latium ohne Rieti) zur Wahl und erhielt 22.401 Stimmen (0,6%). Die Spitzenkandi-datin Moana Pozzi erhielt mehr Erststimmen (12.393) als Francesco Rutelli. (Quelle: www.partitodellamore.it)

8 *Silvio, i candidati e il patto-preghiera* (»Silvio, die Kandidaten und das Gelöbnis«), 20. März 2010. Auf: YouTube/Sky Tg24: http://bit.ly/dA3Doq.

9 Gian Guido Vecchi, *L'arcivescovo: faccia chiarezza con i fatti* (»Der Erzbischof fordert: Er soll die Fakten offenlegen«), *Corriere della Sera*, 21. Juni 2009.

Antonio Sciortino, *Per una valutazione meno »disincantata«*, (»Für eine ›illusionslosere‹ Einschätzung«), *Famiglia Cristia-na*, 25. Juni 2009.

10 Der Papst beim *Angelus*, Palazzo Apostolico des Castel Gan-dolfo, 22. August 2010.

Aldo Cazzullo, *Il disagio dei cattolici*, (»Das Unbehagen der Katholiken«), *Corriere della Sera*, 22. August 2010.

11 Am 1. Oktober 2010 veröffentlichte die Website des Maga-zins *Espresso* ein Amateurvideo, in dem Berlusconi in den Abruzzen im Kreis von Soldaten zu sehen ist (das Datum ist nicht angegeben), während er einen Witz erzählt. Dabei

handelt es sich um einen sexistischen Witz über die Präsidentin der Demokratischen Partei, der mit einem gotteslästerlichen Fluch endet.

Unter den Reaktionen am Tag darauf findet sich auch die von Monsignore Rino Fisichella, der Zurückhaltung im Urteil anmahnt. »In solchen Fällen kommt es immer darauf an, die Dinge im richtigen Zusammenhang zu sehen.« Auf: *Espresso*: http://bit.ly/aBcqt6.

Giacomo Galeazzi, *La chiesa critica il Premier: ›Bestemmia insopportabile‹* (»Die Kirche kritisiert den Ministerpräsidenten: ›Unerträglicher Fluch‹«), *La Stampa*, 3. Oktober 2010.

12 Tommaso Labate, *Il premier »puttaniere«*, (»Der ›Hurenbock‹-Premier«), *Il Riformista*, 26. März 2009.

13a Mariastella Gelmini, *È il Pdl il partito più attento ai valori cattolici* (»Die PDL ist die Partei, die den katholischen Werten am nächsten steht«) *Corriere della Sera*, 23. August 2010.

13b Emanuele Lauria, *Accuse disgustose e inaccettabili. La chiesa non aiuta i fedeli in politica* (»Widerwärtige und unannehmbare Vorwürfe: Den Gläubigen in der Politik hilft die Kirche nicht«), *La Repubblica*, 25. August 2010.

13c Martino Cervo, *Cattolici a sorpresa: un leader non si giudica solo dalla sua morale* (»Katholiken überraschen: einen Regierungschef beurteile man nicht nur nach seiner Moral«), *Libero*, 26. Juli 2009.

14 Gad Lerner, *La crociata di CL contro i moralisti* (»Kreuzzug von ›Comunione e liberazione‹ gegen Moralisten«), *La Repubblica*, 28. August 2010.

15 Segrate (Provinz Mailand), 17. April 2010. Auf: YouTube/Canale5: http://bit.ly/9lI5mr.

16 Nicholas Farrell, *La sinistra critica Ghedaffi ma non le moschee sotto casa* (»Die Linke kritisiert Gaddafi, aber nicht die Moscheen vor der Haustür«), *Libero*, 1. September 2010.

17 Giuseppe de Rita, *Il cattolico post moderno e lo scarso peso in politica* (»Der postmoderne Katholik und sein geringer Einfluss auf die Politik«), *Corriere della Sera*, 31. August 2010.

18 Auf: YouTube/Rai Uno: http://bit.ly/b7Yhqs. (**nicht verfügbar, d. Übers.)

19 Persönliche Korrespondenz

20 Ferrucci Pinotti und Udo Gümpel, *L'unto del Signore* (»Der Gesalbte«), Bur Rizzoli, Mailand 2009, S. 278.

21 Gianni Baget Bozzo, *E ora è Berlusconi il vero leader morale dei cattolici* (»Heute ist Berlusconi der wahre moralische Führer der Katholiken«), *Il Giornale*, 10. Februar 2009.

22 Aldo Cazzullo, *Il Cavaliere? Un dono di Dio all'Italia* (»Der Cavaliere? Ein Geschenk Gottes an Italien«), *Corriere della Sera*, 6. November 2009.
Verleihung des *Premio Grande Milano* an Berlusconi, 19. Juli 2010. Auf: YouTube: http://bit.ly/amUx9R.

3. DER ROBINSON-FAKTOR

1 Berlusconi: »*L'inchiesta P3? Solo polvere. Basta con questo clima giacobino*« (»Ermittlungen zu P3? Viel Rauch um nichts. Schluss mit diesem jakobinischen Klima«), 13. Juli 2010. In: Corriere.it: http://bit.ly/9zfQF4.

2 Live am Telefon in der Fernsehsendung *Ballarò* auf Rai Tre, 1. Juni 2010. Auf: YouTube: http://bit.ly/9S4Jg8. (**nicht mehr verfügbar, d. Übers.)
Rom, Pressekonferenz im Regierungssitz Palazzo Chigi, 17. Februar 2004. Auf: YouTube: http://bit.ly/d98REm.

3 Jimmy Vescovi, *Tesi di laurea zoppe per un'Italia zoppa* (»Holprige Diplomarbeiten für ein holpriges Italien«), *Corriere della Sera*, 7. Oktober 2010; Italians: http://bit.ly/bwLxh2.

4 Giovanni Arpino, *Azzurro tenebra*, (1. Ausgabe Einaudi, Turin 1977), Bur Rizzoli, Mailand 2010, S. 154,

5 Bill Emmott, *Forza, Italia,* (»Vorwärts, Italien!«), Rizzoli, Mailand 2010, S. 8.

6 Edward C. Banfield, *Moral basis of a backward society* (»Die moralischen Grundlagen einer zurückgebliebenen Gesellschaft«), Free Press 1967, Einführung.

7 Alexander Stille, *Citizen Berlusconi*, Beck Verlag, München 2006.

8 Gespräch mit dem Autor sowie Johnny Grimond für das Magazin *Economist*, Palazzo Grazioli, 12. Februar 1997.

9 Sergio Romano, *Il conflitto d'interessi e il caso Berlusconi* (»Der Interessenkonflikt und der Fall Berlusconi«), *Corriere della Sera*, 18. Mai 2007.

10 Sergio Romano, *La memoria degli Elettori* (»Das Gedächtnis der Wähler«), *Corriere della Sera*, 18. Mai 2007.
   Giuliano Ferrara, *Gli affari del signor Berlusconi sono gli affari della nazione* (»Die Geschäfte des Herrn Berlusconi sind Angelegenheiten des Landes«), *Il Foglio*, 6. September 2010.

11 ... außerdem ein Sender, mit dem ich seit 2004 zusammenarbeite – ein möglicher Interessenkonflikt!

12 Sara Bennewitz und Ettore Livini, *La legge* ad aziendam *salva la Mondadori* (»Das Gesetz ›ad aziendam‹ rettet Mondadori«), *La Repubblica*, 11. August 2010.

13 Vittorio Grevi, *Un'amnistia mascherata* (»Eine verschleierte Amnestie«), *Corriere della Sera*, 28. August 2010.

14 Dario Cresto-Dina, *Prodi non può fare le riforme e Silvio rimarrà fino a 80 anni* (»Prodi kriegt die Reformen nicht hin, und Silvio bleibt, bis er 80 ist«), *La Repubblica*, 30. November 2005.

15 Silvio Guarnieri, *Carattere degli italiani,* Einaudi, Turin 1946, S. 271

16 Andrea Maria Candidi, *Il prcesso civile taglia tre anni* (»Zivilprozesse sollen nicht länger als drei Jahre dauern«) *Il Sole 24 Ore*, 1. Juni 2009.

17 Rom, vor dem Palazzo Grazioli, in der Nacht vom 29. zum 30. September. Auf: Repubblica Tv: http://bit.ly/cLumjm.
   Mailand, Fest der Partei *Popolo della Libertà*, 3. Oktober 2010. Auf: Sky Tg24: http://bit.ly/aHmjoV.

18 Robert Putnam, *Making democracy work. Civic traditions in modern Italy*, Princeton University Press, 1994.

4. DER TRUMAN-FAKTOR

1 Durchschnittliche Auflage der Tageszeitungen: 4.637.197 (Quelle: ADS (*Accertamenti Diffusione Stampa*); täglicher Durchschnitt von Mai 2009 bis April 2010.

Leseverhalten in Italien im Jahr 2009: 10,8 % der über 15jäh-
rigen haben in diesem Zeitraum zwischen vier und sechs Bü-
chern gelesen, also 5 574 000 Personen (Quelle: ISTAT, *Istituto
Nazionale di Statistica*).

Sky Tg 24+Meteo: 1,9 Millionen Klicks; Tg La 7: 3,2 Millionen Klicks (Quelle: ASCA, *Agenzia Stampa Cattolica Associata*).

Durchschnittliche Zuschauerzahl für *Annozero* von Herbst
2009 bis Frühjahr 2010: rund 5 Millionen (Quelle: ASCA.
Durchschnittliche Zuschauerzahl für *Ballarò* im gleichen Zeitraum: 4 Millionen, in der Spitze 5,166 Millionen.

Informationssendungen nach der Primetime (in Italien zwischen 21 und 23 Uhr): *Porta a Porta* im ersten Teil, 1,5 Millionen Zuschauer; *Matrix* 1,1 Millionen; *L'ultima parola* 700 000;
(Quellen: RAI, *La Repubblica*, Auditel).

Tägliche Besuche von Nachrichtenwebsites, für die ersten elf
(ausgenommen Sportwebsites): 4.362.756 (Quelle: Audiweb
Nielsen)

Zugang zum Internet über Smartphone/Handy/Blackberry:
4,7 Millionen (Quelle: Audiweb).

Einkäufe über Internetseiten: 5,6 Millionen (Quelle: Han-
delskammer Mailand, Daten für das Jahr 2009).

2   Aldo Grasso, *La sfida di Mentana e gli ascolti dei Tg* (»Enrico
Mentanas Kampfansage und die Einschaltquoten der Nach-
richtensendungen«), *Corriere della Sera*, 19. Juli 2010. In der
Fernsehsaison 2008/2009 verfolgten 20 400 000 Italiener die
Abendnachrichten der verschiedenen Sender, in der Fern-
sehsaison 2009/2010 nur noch 19 470 000 Zuschauer.

3   Michele Polo, *Notizie S.p.A.*, (»Nachrichten-AG«), Rom-Bari
2010, S. 6–11.

4   Wie vom sogenannten »Gasparri-Gesetz« (2004) vorgesehen,
laufen am 1. Januar 2011 die Regelungen des »Mammì-Ge-
setzes« (1990) aus, das es Eigentümern von mehr als einem
Fernsehsender untersagt, die Kontrolle über Tageszeitungen
anzustreben. In: AgCom: http://bit.ly/cQn7uG; in: *Il Governo Berlusconi 2001–2006:* (»Die Regierung Berlusconi 2001–
2006): http://bit.ly/bhasf6.

5   Marco Travaglio und Peter Gomes, *Le mille balle blu* (»Die

tausend blauen Lügenmärchen«), Bur Rizzoli, Mailand 2006,
S. 366–367.

6 Manuskript, im Besitz des Autors.

7 La Maddalena, 10. September 2009, italienisch-spanisches
Gipfeltreffen. Auf: YouTube: http://bit.ly/doSZM5.

8 Persönliches Gespräch des Autors.

9 *Truman Show* ist ein Film von Peter Weir, mit Jim Carrey in
der Hauptrolle (1998).

10 Interview in der Sendung *Zona Severgnini* auf dem Nachrich-
tensender Sky Tg 24, 23. April 2010. Auf: Sky Tg 24: http://
bit.ly/9lyJLe.

11 Brief von Thomas Jefferson an Edward Carrington, 16. Januar 1787 (Quelle: Archiv der University of Chicago: http://bit.
ly/9w6K9l.)
Zitat von H.L. Mencken nach Peter Kemp, *The Oxford Dictio-
nary of Literary Quotations*, Oxford University Press, 2004.

12 L'Aquila, G8, Pressekonferenz, 9. Juli 2009. Auf: YouTube/Sky
Tg24: http://bit.ly/aCrLWw.

13 Auf: YouTube: http://bit.ly/a1qdxB.

14 Giovanni Valentini, *La sindrome di Arcore* (»Das Arcore-Syn-
drom«), Longanesi, Mailand 2009, S. 124.

15 Maurizio Viroli, *L'Italia dei doveri* (»Das Italien der Pflichten«), Rizzoli, Mailand 2008, S. 138.

16 Auf: YouTube: http://bit.ly/b70WOA.

17 *Uno spot della Fininvest contro i referendum Tv* (»Ein Spot der
Fininvest gegen das Fernsehreferendum«) *Corriere della
Sera*, 25. Februar 1995. Auf: YouTube, Spot mit Rita Dalla
Chiesa: http://bit.ly/c7Y8QO. (**nicht mehr verfügbar, d.
Übers.)

18 Wortwechsel während eines Treffens der Parteispitzen des
Bündnisses *Casa della Libertà* im Palazzo Chigi, zitiert nach
den Erinnerungen Bruno Vespas in ders.: *Storia d'Italia da
Mussolini a Berlusconi* (»Geschichte Italiens von Mussolini bis
Berlusconi«), Mondadori, Mailand 2005, S. 569.

19 Gabriele Villa, *Boffo il supercensore condannato per molestie*
(»Boffo, der Supersittenrichter, wegen sexueller Belästigung
verurteilt«), *Il Giornale*, 28. August 2009.

20 *Domenica In*, RAI UNO, 12. April 2009. Auf: YouTube: http://bit.ly/9ZRzqR.
21 Olbia, Kongress der Luftfahrtaufsicht ENAC, 28. November 2009. Auf: Sky Tg24: http://bit.ly/9HYrw6.
   Rom, Palazzo Chigi, Pressekonferenz, 16. April 2010. Auf: YouTube: http://bit.ly/d58Tey.
22 Rom, Palazzo Chigi, 26. Juni 2009. Auf: YouTube/Sky Tg24: http://bit.ly/bfUmID.

5. DER HOOVER-FAKTOR

1 Barbara Spinelli, *L'impotente grandezza des Cavaliere* (»Die machtlose Größe des Cavaliere«), *La Stampa*, 15. August 2010.
2 Giuseppe Fiori, *Il venditore. Storia di Silvio Berlusconi e della Fininvest* (»Der Verkäufer. Die Geschichte des Silvio Berlusconi und seiner Fininvest«), Garzanti, Mailand 1995, S. 26
3 Bruno Vespa, *Storia d'Italia da Mussolini a Berlusconi* (»Geschichte Italiens von Mussolini bis Berlusconi«), Mondadori, Mailand 2005, S. 371.
4 Dino Martirano, *Berlusconi: dico no ai governicchi. Non farò precipitare Italia nella crisi* (»Berlusconi: Ich sage Nein zu einer Übergangsregierung. Ich werde Italien nicht in eine Regierungskrise stürzen«), *Corriere della Sera*, 12. September 2010. Auf: Sky Tg24: http://bit.ly/ciejsO.
5 Fernsehansprache vor der Wahl 1994: Auf: http://www.pdl.it/silvioberlusconi, Video: *La discesa in campo*.
   Porta a Porta, RAI UNO. Auf: YouTube/RaiUno: http://bit.ly/cG4AWt.
   Rom, Kundgebung des *Popolo della Libertà*, Piazza San Giovanni. In: YouTube/Rainews24: http://bit.ly/aB2vtX. (**nicht mehr verfügbar, d. Übers.)
6 Tony Blair, *Mein Weg*, C. Bertelsmann Verlag, München 2010, S. 603 f.
7 Franco Ordine, *Dopo tanti veleni, il Milan come scacciapensieri*

(»Nach all dem Gift, der AC Mailand als Sorgenbrecher«), *Il Giornale*, 2. September 2010.

Alberto Costa, *Troppi sondaggi negativi e il Milan ha invertito la rotta* (»Zu viele negative Umfragen, und der AC Mailand ändert den Kurs«), *Corriere della Sera*, 2. September 2010.

8 Rom, beim Fest der Parteijugend (*Atreju*) 2010, 12. September 2010. Auf: YouTube: http://bit.ly/aF93cp.

9 Rom, Interview mit Paula Newton, 25. Mai 2009. Auf: Cnn. com: http://bit.ly/bUeP4e (auf englisch).

10 *Porta a Porta*, RAI UNO, 15. September 2009. Auf: YouTube: http://bit.ly/qJ2VDi. (**nicht mehr verfügbar, d. Übers.)

11 Giuseppe Fiori, *Il venditore. Storia di Silvio Berlusconi e dalla Fininvest* (»Der Verkäufer. Die Geschichte des Silvio Berlusconi und seiner Fininvest«) Garzanti, Mailand 1995, S. 163, Zitate von Stefano E. D'Anna und Gigi Moncalvo.

12 *Porta a Porta*, RAI UNO, 15. September 2009. Auf: YouTube: http://bit.ly/qJ2VDi. (**nicht mehr verfügbar, d. Übers.)

13 *Legionari Azzurri, difensori del voto* (»Blaue Legionäre, Beschützer der Wahl«), Titel eines Prospekts im Paket von Berlusconis »Wahlkampfmaschine« *Motore Azzurro*, Rom, den 26. November 2005. In: Adn Kronos http://bit.ly/b7eO23.

Mailand, Landesweites Fest der Partei *Popolo dellà libertà*, 3. Oktober 2010. Auf: Sky Tg24: http://bit.ly/b3hOEg.

14 Viviana Kasam, *Nelle valigie del candidato di* Forza Italia *bandiere, spille e la Piramide del successo* (»In den Koffern der Kandidaten von Forza Italia, Fahnen, Anstecker und die Erfolgspyramide«), *Corriere della Sera*, 2. März 1994.

Marco Galluzzo; *E Silvio dà il kit ai candidati: Dite che Walter è il nuovo Stalin* (»Silvio übergibt Kandidaten das Wahlkampfset: Erzählt, dass Walter der neue Stalin ist«), *Corriere della Sera*, 14. März 2008.

15 *Porta a Porta*, RAI UNO, 15. September 2009. Auf: YouTube: http://bit.ly/bnEkPT.

16 Auf: Sky Tg24: http://bit.ly/9qUF89.
Auf Adn Kronos: http://bit.ly/bKlsxy.
Daniele Manca, *Contro mio padre una caccia all'uomo. E ora nel*

mirino anche le nostre aziende (»Treibjagd auf meinen Vater: Im Schussfeld sind mittlerweile auch unsere Firmen«), *Corriere della Sera*, 10. Oktober 2009.

Giuseppe D'Avanzo, *Il Cavaliere es la favola dei 106 processi* (»Der Cavaliere und das Märchen von den 106 Verfahren«), *La Repubblica*, 20. November 2009.

Freisprüche: einmal wegen erwiesener Unschuld im Fall »Sme-Ariosto/1« (Anklage wegen Richterbestechung); zweimal aus Mangel an Beweisen nach Artikel 530 Absatz 2 des Strafgesetzbuchs.

17 Umberto Eco, *Tecniche del venditore di successo* (»Techniken des erfolgreichen Verkäufers«), *La Repubblica*, 29. September 2003.

18 Auf: www.pdl.it: http://bit.ly/a7jdij.

19 Giuseppe Fiori, *Il venditore. Storia di Berlusconi e della Fininvest* (»Der Verkäufer. Die Geschichte des Silvio Berlusconi und seiner Fininvest«), Garzanti, Mailand 1995, S. 34.

20 Vicenza, *Convegno Biennale Centro Studi Confindustria* (Tagung des Forschungszentrums des Unternehmerverbandes *Confindustria*), 18. März 2006, Auf: YouTube: http://bit.ly/bO1ize.

21 Giovanni Ruggeri und Mario Guarino, *Berlusconi. Inchiesta sul Signor Tv,* Kaos Edizioni, Mailand 1994, S. 22.
La falsa polemica Berlusconi a Sarkozy, battuta sulla Sorbona non su donna Carla (»Die falsche Polemik Berlusconi/Sarkozy, Bemerkung über Sorbonne, nicht über Ehefrau Carla«), *Il Giornale*, 28. Februar 2009. Auf: YouTube/Canal+: http://bit.ly/cjq5Oa.
Giuseppe Fiori, Il venditore. *Storia di Silvio Berlusconi e della Fininvest,* (»Der Verkäufer. Die Geschichte des Silvio Berlusconi und seiner Fininvest«), Garzanti, Mailand 1995, S. 95.
Orlando Mastrilli, *Berlusconi giocò nella Pro Patria? Tra mito e realtà nessuno conferma* (»Berlusconi hat bei Pro Patria gespielt? Zwischen Mythos und Realität, niemand will es bestätigen«), *Varesenews,* 27. Mai 2010, in: http://bit.ly/b2PNzB.

22 Giuseppe Berto, *Modesta proposta per prevenire,* Rizzoli, Mailand 1971, S. 51.

23 Sergio Rizzo, *1994–2010: promesse non mantenute* (»1994–2010:
    nicht eingehaltene Versprechen«), blog *La deriva*, 12. Januar
    2010, in: Corriere.it: http://bit.ly/9YtfEN.

6. DER ZELIG-FAKTOR

1 Lorenzo Fuccaro, *Il premier dal Brasile difende la manovra.* ›*La*
   crisi è alle spalle‹(»Von Brasilien aus verteidigt der Ministerpräsident seine Maßnahmen: ›Die Talsohle ist durchschrit-
   ten.‹«), *Corriere della Sera*, 30. Juni 2010.
   Auf: YouTube: http://bit.ly/cNOKvO, der »Anschlag« der
   brasilianischen »Hyänen« der Sendung *Custe o que custar* des
   Senders Rede Bandeirantes, 29. Juni 2010.
2 *Zelig*, von und mit Woody Allen, Warner Bros., 1983.
v3 Gigi Moncalvo und Stefano E. D'Anna, *Berlusconi in concert*,
   London 1994.
4 Marco Belpoliti, *Il corpo del capo* (»Der Körper des Chefs),
   Guanda, Mailand 2009, S. 62–63.
5 Persönliches Gespräch.
6 Renato Farina, *Berlusconi tale e quale. Vita, conquiste, battaglie e*
   passioni di un'uomo politico unico al mondo, (»Berlusconi wie er
   leibt und lebt. Leben, Erfolge, Kämpfe und Neigungen eines
   auf der Welt einzigartigen Politikers«), *Libero*, 2009, Heft 5,
   S. 89
7 Giuseppe Fiori, *Il venditore. Storia di Silvio Berlusconi e del-*
   la Fininvest (»Der Verkäufer. Die Geschichte des Silvio Berlusconi und seiner Fininvest«), Garzanti, Mailand 1995,
   S. 161.
8 L'Aquila, 26. Juni 2009. Auf: YouTube: http://bit.ly/atg1uy
9 Edmondo Berselli, *Post italiani*, Mondadori, Mailand 2003,
   S. 55.
10 Berlusconi vor dem Abgeordnetenhaus am 29. September 2010: »Es ist wirklich paradox: Wenn ein Abgeordneter, der für *Popolo della libertà* ins Parlament gewählt wurde, sich einer anderen Partei anschließt, so gilt das als
   ethisch legitim und ästhetisch begrüßenswert. Wenn sich

aber ein Parlamentarier der Opposition durch sein Gewissen und die Situation im Lande veranlasst sieht, mit der Regierung zu stimmen, dann spricht man sogleich Zuständen wie auf den ›Spielermarkt‹, von Volksvertretern, die käuflich sein sollen.«

(Quelle: www.ilpopolodellalibertà.it)

RAI UNO, Fernsehduell moderiert von Clemente J. Mimum (damals Chefredakteur der Nachrichtensendung Tg 1), 14. März 2006.

RAI UNO, Fernsehduell, moderiert von Bruno Vespa, 3. April 2006.

11 Veronica Lario Berlusconi, *Veronica Berlusconi, lettera a ›Repubblica‹. »Mio marito mi deve delle scuse.«* (»Veronica Berlusconi, Brief an *La Repubblica*. ›Mein Mann muss mich um Verzeihung bitten‹«), *La Repubblica*, 31 Januar 2007.
    Berlusconi soll zu den Damen gesagt haben: »Wäre ich nicht schon verheiratet, würde ich sie auf der Stelle heiraten«. Und: »Mit dir ginge ich überall hin.«
    Antwortschreiben von Silvio Berlusconi, wie es am 31. Januar 2007 von den Nachrichtenagenturen verbreitet wurde. In: Corriere.it: http://bit.ly/apxfZx.

12 Luigi Garlando, *Le frecce di Leonardo. Berlusconi come Narciso* (»Leonardos Spitzen. Berlusconi ein Narziss«), *La Gazzetta dello Sport*, 18. September 2010.

13 Roberto Zuccolini, B*arzelletta sull'Aids, tutti contro Berlusconi* (»Witz über Aids, alle gegen Berlusconi«), *Corriere della Sera*, 5. April 2000.
    Porta a Porta, RAI UNO, 9. März 1998.
    Marco Marozzi, *Paghiamo gli errori di Fini* (»Wir bezahlen für Finis Fehler«), *La Repubblica*, 10. März 1998.

14 Roberto Tartaglione, *Also sprach Berlusconi*, 12. Januar 2002, In: http://bit.ly/cI9Sso.

15 Enzo Biagi, *Il senso perduto della misura* (»Der verlorene Maßstab«), *Corriere della Sera*, 7. Juli 2000.

16 Tg 1, 20-Uhr-Ausgabe, 2. Juli 2010. Auf: YouTube: http://bit.ly/biKAlk.

17 Lorenzo Fuccaro, *Berlusconi ironizza sulle veline: scusate se non le*

porto con me, (»Berlusconi ironisiert das Thema Fernseh-hostessen: »Entschuldigen Sie, dass ich keine mitgebracht habe«) *Corriere della Sera,* 1. Mai 2009.

18   Francesco Rutelli, damals Kulturminister, präsentiert Italia.it, 7. März 2007: Auf: YouTube: http://bit.ly/bcDb4s (**nicht mehr verfügbar, d. Übers)
Spot Magic Italy: http://bit.ly/dtnQbA.

19   Massimo Giannini, *Lo Statista. Il Ventennio berlusconiano tra fascismo e populismo* (»Der Staatsmann. Die zwei berlusconia-nischen Jahrzehnte zwischen Faschismus und Populismus«), Baldini Castoldi Dalai, Mailand 2008, S. 11.

20   Ernesto Galli della Loggia, *Perché Berlusconi non è sobrio* (»Wa-rum Berlusconi nicht ernsthafter ist«), *Style/Corriere della Sera,* 1. Juni 2009.

7. DER HAREM-FAKTOR

1   Conchita Sannino, *Noemi la ragazza festeggiata dal premier: »Una sorpresa eccezionale, per me è papi«,* (»Noemi, das Mäd-chen, dem der Minister persönlich gratuliert: ›Eine tolle Überraschung; für mich ist er Papi‹«), *La Repubblica,* 29. April 2009.
Dario Cresto-Dina, *Veronica, addio a Berlusconi. »Ho deciso, chiedo il divorzio«* (»Veronica, Abschied von Berlusconi. ›Ich habe beschlossen, mich scheiden zu lassen‹«), *La Repubblica,* 3. Mai 2009.
Giuseppe D'Avanzo e Conchita Sannino, *Vi racconto come tut-to è nato tra Berlusconi e la mia Noemi* (»Ich erzähle Ihnen, wie meine Noemi Berlusconi kennenlernte«), *La Repubblica,* 29. Mai 2009.
Fulvio Bufi, *La mamma di Noemi irritata. »Squallore sulla mia bimba«* (»Noemis Mutter verärgert. ›Mein kleines Mädchen wird in den Dreck gezogen.‹«), *Corriere della Sera,* 30. April 2009.
Massimo Giannini, *Noemi e quella Cena a Villa Madama con il Cavaliere e gli imprendidori* (»Noemi und das Abendessen in

der Villa Madama mit dem Cavaliere und den Unternehmern«), *La Repubblica*, 21. Mai 2009.

Angela Frenda, *Da Noemi alle ex meteorine, la festa di Villa Certosa* (»Von Noemi zu den Ex-Wetterfeen, das Fest in der Villa Certosa«), *Corriere della Sera*, 25. Mai 2009.

Fabrizio Roncone, *Fede le telefonate: magari le ho parlato. Il premier? Gentile con tutti,* (»Fede und die Telefongespräche: Kann sein, dass ich mit ihr geredet habe. Der Ministerpräsident? Der ist zu allen nett«), *Corriere della Sera*, 25. Mai 2009.

2   Maria Luisa Agnese, *Amore senza limiti* (»Grenzenlose Liebe«), *Corriere della Sera*, 8. August 2010.

Danilo Taino, *L'ultimo dolore di Goethe* (»Goethes letzter Schmerz«), *Corriere della Sera*, 28. März 2008.

3   *L'harem di Berlusconi* (»Berlusconis Harem«), *Oggi*, 17. April 2007.

Roberto Rizzo, *Berlusconi e 5 ragazze, foto su »Oggi«* (»Berlusconi und die 5 Mädchen, Fotos in *Oggi*«), 17. Aprile 2007. In: Corriere.it: http://bit.ly/cRKoTx.

Michael Wolff, *All Broads Lead to Rome, Vanity Fair*, September 2009. In: Vanityfair.com: http://bit.ly/9R2K6H.

4   Marco Niada, *Il tempo breve*, Garzanti, Mailand 2010, S. 25–26.

5   *Porta a Porta*, RAI UNO, 5. Mai 2009. Auf: Rai.tv: http://bit.ly/8XI3uB.

6   Francesco Bei, *Lo show di Silvio in Bulgaria. »Una fila di donne vuole sposarmi«,* (»Silvios Show in Bulgarien. ›Die Frauen stehen Schlange, um mich zu heiraten‹«), in: Repubblica.it, 14. Juni 2010.

Lorenzo Fuccaro, *Ricco e simpatico, tutte mi vogliono* (»Reich und sympathisch, mich wollen alle Frauen«), *Corriere della Sera*, 14. Juni 2010.

Marco Galluzzo, *E Silvio dà i kit ai candidati: dite che Walter è il nuovo Stalin* (»Silvio übergibt Kandidaten das Wahlkampfset: Erzählt, dass Walter der neue Stalin ist«), *Corriere della Sera*, 14. März 2008.

7   Rom, *Atreju* (Fest der Jugendorganisation), 2009, 9. September 2009: http://bit.ly/aDhvm9. (**nicht mehr verfügbar, d. Übers.)

Pittsburgh, G-20-Gipfel, 25. September 2009: http://bit.ly/bJhmlI.

Controcampo (Fußballsendung), Italia Uno, 16. Dezember 2007: http://bit.ly/a8msJ6. (**nicht mehr verfügbar, d. Übers.)

Marco Galluzzo, *Silvio-show tra battute galanti ed Esopo: Romano rana, communisti come scorpioni* (»Silvio-Show zwischen galanten Witzen und Äsop: Prodi, der Frosch, Kommunisten Skorpione«), *Corriere della Sera*, 27. Januar 2007.

Veronica Lario Berlusconi, *Veronica Berlusconi, lettera a »La Repubblica«* (»Veronica Berlusconi, Brief an *La Repubblica, ›Mein Mann muss mich um Verzeihung bitten‹«), La Repubblica*, 31. Januar 2007.

8   L'Aquila, 9. April 2009; Tg1, 13. April 2009. Auf: YouTube: http://bit.ly/bihStM; http://bit.ly/bcne7d.

Mailand, 31. März 2008. Auf: Youreporter: http://bit.ly/97MX0R.

Marco Galluzzo, *Berlusconi, a gennaio congresso del Pdl* (»Berlusconi, im Januar Parteitag des PDL«), *Corriere della Sera*, 9. August 2008.

Rom, Kongress des Arbeitgeberverbandes *Confindustria*, 21. Mai 2009: http://bit.ly/btlS4s.

Ilaria Sacchettoni, *Diploma e dieci giorni di selezioni, la crocerossina che ha colpito il Premier* (»Diplom und zehntägiges Auswahlverfahren, eine Rot-Kreuz-Schwester hat es dem Premier angetan«), 4. Juni 2010. In: Corriere.it: http://bit.ly/9jjBt5.

9   Roberto Velatta in meinem Blog *Italians* auf: *Sette/Corriere della Sera*, 26. August 2010.

10 Francesco Di Frischia, *Polverini: la Gagliardi in Canada? Con permesso non retribuito,* (»Gouverneurin Polverini: Frau Gagliardi ist in Kanada? Dann hat sie unbezahlten Urlaub«), *Corriere della Sera*, 28. Juni 2010; *La Zanzara*, Radio24, 6. Juli 2010: http://bit.ly/cEdzrO.

11 Santa Margherita Ligure, Treffen der Jungunternehmer der *Confindustria*, 13. Juni 2009. Auf: YouTube: http://bit.ly/98rNxF.

12 Marco Ansaldo, *L'ultima sorpresa di Silvio. Ho avuto una fidanzata turca* (»Silvios neueste Überraschung: Ich hatte eine türkische Freundin«) *La Repubblica*, 13. November 2002
    Paola Di Caro, *In Francia c'è chi si mette a fare il clown* (»In Frankreich spielt jemand den Clown«), *Corriere della Sera*, 19. April 2002.

13 Maria Laura Rodotà, *E nel »reality elettorale« Silvio fa voto di castità* (»Und in der ›Wahl-Reality-Show‹ legt Silvio ein Keuschheitsgelübde ab«), *Corriere della Sera*, 30. Januar 2006.

14 Ergebnisse der Parlamentswahlen 2006. In: Corriere.it: http://bit.ly/cWzR2N.

15 Bazzano (L'Aquila), 25. April 2009. Auf: YouTube: http://bit.ly/9hhbtt.
    Novedrate (Como) e-Campus, 19. Juli 2010. Auf: Sky Tg 24: http://bit.ly/aMqaQg.
    Mailand, *Premio Grande Milano*, 19. Juli 2010. Auf: YouTube: http://bit.ly/9vPuYO.

16 Nachrichten Tg 2, *Punto di Vista*, 13. März 2008. Auf: YouTube: http://bit.ly/aeXjBo.
    Statistische Daten von Bayes-Swarm: http://bit.ly/d19du2.
    Esami di sanità mentale per i pm, (»Idiotentest für Staatsanwälte«) 8. April 2008. In: Corriere.it: http://bit.ly/bfACg4.
    Marco Galluzzo, *Minigonne ma anche pari opportunità: la Mussolini guida il »golpe rosa«* (»Miniröcke, aber auch Chancengleichheit: die Mussolini an der Spitze des ›rosafarbenen Putsches‹«), *Corriere della Sera*, 6. April 2002.

17 Andrea Schianchi und Alessandra Bocci, *Allegri ha il fisico ed è un maestro. Io però sono un professor e gli ho già detto: si deve giocare con due punte,* (»Allegri ist gut gebaut und ein guter Trainer. Ich aber bin ein Fußballfachmann und habe es ihm schon gesagt: Wir müssen mit zwei Spitzen spielen«), *La Gazzetta dello Sport*, 21. Juli 2010. Auf: Gazzetta Tv: http://bit.ly/ax2Lho.

18 *Berlusconi e la battuta sulla cameriera. »Volevo farmi una ciulattina ...«,* (»Berlusconi und das Zimmermädchen: ›Ich wollte ihr einen Klaps auf den Po geben ...‹«), 29. Juni 2010. In: Corriere.it: http://bit.ly/auNFso.

Mailand, Eröffnung der Baumaßnahmen auf der Autobahn Brescia-Bergamo-Mailand, 22. Juli 2009. Auf: Sky Tg 24: http://bit.ly/byBg4K.

8. DER MEDICI-FAKTOR

1   Franco Venturini, *Nessuna informazione al Quirinale. Il »silen-zio« del governo sulla visita«* (»Keinerlei Informationen vom Staatspräsidenten. Auch die Regierung schweigt sich über Besuch aus«), *Corriere della Sera*, 1. September 2010.

2   Dino Martirano, *La lezione romana di Ghedaffi*, (»Gaddafis Schulstunde in Rom«), *Corriere della Sera*, 30. August 2010.
    Marco Tarquinio, *Incresciosa messa in scena o forse solo boome-rang* (»Eine peinliche Inszenierung oder nur ein Boomerang«), *Avvenire*, 31. August 2010.
    Maurizio Lupi und Mario Mauro, *Basta offrire il palcoscenico al dittatore* (»Es reicht: keine Bühne mehr für den Diktator«), *La Stampa*, 31. August 2010.

3   Alexander Stille, *Citizen Berlusconi*, München 2006, S.28.
    Curzio Maltes, *Il non Congresso del Cavaliere* (»Der verhinder-te Parteitag des Cavaliere«), *La Repubblica*, 28. Mai 2004.

4   Giuseppe Prezzolini, *Das Erbe der italienischen Kultur*, Carl Schünemann Verlag, Bremen 1960, S. 28 ff.

5   Sergio Romano, *L'ossessione del complotto* (»Verschwörungs-wahn«), *Corriere della Sera*, 4. Februar 2010.
    Ernesto Galli della Loggia, *L'ossessione dei poteri forti* (»Die Zwangsvorstellung von den ›starken Kräften‹«), *Corriere della Sera*, 31. Dezember 2005.

6   Gian Antonio Stella, *Da Brescia a Reggio Calabria. Così la Gel-mini diventò avvocato* (»Von Brescia nach Reggio Calabria. So wurde Mariastella Gelmini Anwältin«), *Corriere della Sera*, 4. September 2008.
    Kalender Mariastella Gelmini. Auf: Repubblica.it: http://bit.ly/b64l4t.

7   Matrix, Canale 5, 15. März 2006. Auf YouTube: http://bit.ly/bD3DyF. (**nicht mehr verfügbar, d. Übers.)

8   Gian Antonio Stella, *Le firme di Beppe Grillo e la Costituzione*, (»Beppe Grillos Unterschriften und die Verfassung«), *Corriere della Sera*, 8. September 2010.

9   Alessandro Gilioli, *La verità su B. raccontata dal suo ex avvocato* (»Die Wahrheit über B. aus der Sicht seines Ex-Anwaltes«), 29. Januar 2010. Im Blog Piovono Rane: http://bit.ly/diCq3C.
     Aldo Cazzullo, *Con il mio elisir Silvio ha 12 anni di meno*, (»Durch mein Spezialmittel ist Silvio 12 Jahre jünger«), *Corriere della Sera*, 3. Februar 2004.

10   Rodolfo Sala, *Anche Albertini lascia Silvio. »Per lui il confronto è eresia«*, (»Auch Albertini verlässt Silvio: ›Für ihn ist jede Auseinandersetzung Gotteslästerung‹«), *La Repubblica*, 6. August 2010.
     Giannino della Frattina, *Albertini al Pdl: Resto con voi ma serve un codice etico* (»Albertini an den PDL: Ich bleibe in der Partei, aber wir brauchen einen Moralkodex«), *Il Giornale* (Mailänder Ausgabe), 21. August 2010.

11   19. Juli 2010. In: ilgiornale.it: http://bit.ly/calwt6.

12   *Sorrisi e complimenti osé per le deputate*, (»Lächeln und gewagte Komplimente für die weiblichen Abgeordneten«), *La Repubblica*, 1. August 2010.
     Ottavio Luccarelli, *Un mosaico dedicato a Berlusconi* »Ein Mosaik für Berlusconi«), *La Repubblica*, (Ausgabe Neapel), 24. Juli 2010.

13   Pierfranco Pellizzetti, *Fenomenologia di Berlusconi*, Manifestolibri, Rom 2009, S. 49.

14   Indro Montanelli und Roberto Gervaso, *L'Italia dei secoli d'oro* (»Das Italien der goldenen Jahrhunderte«), Bur Rizzoli, Mailand 2010, S. 226.
     Bernd Roeck und Andreas Tönnesmann, *Die Nase Italiens. Federico da Montefeltro, Herzog von Urbino*, Wagenbach, Berlin 2005.

15   Roeck/Tönnesmann, a.a.O.

16   Pierfranco Pellizzetti, a.a.o., S. 18.
     Giampaolo Pansa, *Prevedo un ticket fasciocommunista Gianfranco-Nichi*, (»Ich sehe ein fascho-kommunistisches Bündnis Gianfranco Fini – Nicchi Vendola voraus«), *Libero*, 28. Juli 2010.

213

17 In: Fotografia&Informazione: http://bit.ly/b7keAo.

18 Roeck/Tönnesmann, a.a.o

19 Auf: www.pdl.it: http://bit.ly/co7rhA.
    Roma, Kundgebung des *Popolo della Libertà* auf der Piazza
    San Giovanni. Auf: YouTube/Rainews24: http://bit.ly/aB2v-
    tX. (**nicht mehr verfügbar, d. Übers.)

20 Alexander Stille, *Citizen Berlusconi*, München 2006, S. 28.

21 *Marcegaglia: »Rispettare Napolitano«. Berlusconi: »Democra-
    zia? Ghe pensi mì«*, (»Emma Marcegaglia: ›Respektiert Napo-
    letano‹. Berlusconi: ›Demokratie? Jetzt kümmere ich mich
    darum‹«), 12. Oktober 2009. In: Corriere.it: http://bit.ly/
    aHQnRE.
    Marco Galluzzo, *Stampa estera, Berlusconi accusa. E sulle toghe:
    carriere separate* (»Internationale Presse, Berlusconi klagt an.
    Und über Richter: getrennte Laufbahnen«), *Corriere della
    Sera*, 12. Oktober 2009.
    Benevento, *Festa della Libertà*, 11. Oktober 2009. Auf: You-
    Tube/Sky Tg 24: http://bit.ly/99KFf8.

22 Amedeo La Mattina, *Nuovo attaco a Fini e ai magistrati* (»Neue
    Angriffe gegen Fini und gegen Richter«), *La Stampa*, 11. Sep-
    tember 2010. Auf: Sky Tg 24: http://bit.ly/bal5OF

9. DER T.I.N.A.-FAKTOR

1 Marcello Veneziani, *Signori di Sinistra, l'incubo Berlusconi
   l'avete creato voi* (»Meine Herren von der Linken, Euren Alp-
   traum Berlusconi habt Ihr selbst geschaffen«), *Libero*, 18. November 2008.

2 Luca Ricolfi, *Perché siamo antipatici? La sinistra e il complesso dei
   migliori prima e dopo le elezioni del 2008* (»Warum sind wir unsympathisch? Die Linke und der ›Überheblichkeitskomplex‹
   vor und nach den Wahlen 2008«), Longanesi, Mailand 2008.

3 Mauro Favale, *Primarie subito, poi le alleanze parlando anche coi
   cattolici* (»Unverzüglich Vorwahlen, dann Bündnisse, wobei
   auch mit den Katholiken zu reden ist«), *La Repubblica*, 25.
   August 2010.

4 Flavia Amabile, *Santoro, ora i fan si rebellano sul web* (»Michele Santoro, jetzt protestieren seine Fans im Netz«), *La Stampa*, 20. Mai. 2010.

Rai, politici, giornali: Santoro contro tutti. »*Volete che resto? Chiedetemelo*« (»RAI, Politiker, Presse: Santoro gegen alle. ›Wollt Ihr, dass ich bleibe? Dann müsst Ihr mich bitten‹), 20. Mai 2009. In: Corriere.it: http://bit.ly/cofwYY.

5 Sergio Rizzo, *La Cricca*, Rizzoli, Mailand 2010, S. 148.

6 www.corriere.it/italians:

Il Pd ha il complesso del Deserto dei tartari (»Die PD hat den ›Tartarenwüsen-Komplex‹«):http://bit.ly/9Cn5A9.

»*Compagni*« *con la barca* (»›Genossen‹ mit Yacht«): http://bit.ly/9tsScK.

I motivi per i quali non si vota a sinistra (»Die Gründe, weshalb man nicht links wählt«): http://bit.ly/cCfYyD.

7 Stefano Lorenzetto, *La nuova vita da ministro mamma* (»Das neue Leben der Mutter und Ministerin«), *Il Giornale*, 22. August 2010.

8 *Splintering at the top*, The Economist, 9. September 2010. S. 29.

Maroni e Alfano celebrano i »*successi senza precedenti*« *del governo* (»Maroni und Alfano feiern ›beispiellose Erfolge‹ der Regierung«), 16. August 2010. In: Affariitaliani.it: http://bit.ly/bmoCTB.

6483 Festnahmen zwischen Mai 2008 und August 2010, darunter 26 der 30 gefährlichsten mit Haftbefehl gesuchten Mafiosi, 32.799 von den Clans konfiszierte Güter im Wert von 15 Milliarden Euro.

9 Fabrizio Forquet, *Così la riforma di Basilea non va. Bene la crescita* (»So werden die Basel-III-Reformen nicht funktionieren. Das Wachstum stimmt«), *Il Sole 24 Ore*, 4. August 2010.

10 »Auto-Interview« des Autors mit Umberto Bossi, erschienen in *Il Giornale* am 27. März 1992.

Interview mit Umberto Bossi in der Parteizentrale der *Lega Nord* in der Via Bellerio in Mailand am 10. Februar 1997, Interviewer: Johnny Grimond und der Autor.

11 Im Gespräch mit dem Regisseur Edoardo Nesi in dem Film von Elisabetta Sgarbi: *Se hai una montagna di neve, tienila*

all'ombra. Un viaggio nella cultura in Italia (»Hast du einen
Schneeberg, schütze ihn vor der Sonne. Eine Reise durch die
italienische Kultur«) Produktion Betty Wrong, 2010.

10. DER PALIO-FAKTOR

1 Über die Palio-Rivalitäten in Siena: http://bit.ly/cMixCM.

2 Rom, Kundgebung des *Popolo della Libertà*, Piazza San Giovanni, 20. März 2010. Auf: YouTube: http://bit.ly/aB2vtX.
(**nicht mehr verfügbar, d. Übers.)
Mailand, *Festa Nazionale del Popolo della Libertà*, 3. Oktober
2010. Auf: Sky Tg24: http://bit.ly/aIR0I1.

3 *Ballarò*, RAI TRE, 27. Oktober 2009. Auf: YouTube: http://
bit.ly/cn2foa.
Marco Cremonesi, *Democrazia a rischio per colpa della sinistra*
(»Linke gefährdet die Demokratie«), *Corriere della Sera*, 22.
November 2005.
Verschiedene, auf YouTube: http://bit.ly/bkTLJh; http://bit.
ly/aLL6dN.

4 Cinisello Balsamo, Kundgebung am 19. Juni 2009. Auf: Sky
Tg 24: http://bit.ly/cmkFC3.

5 Mailand, Piazza del Duomo, 13. Dezember 2009, kurz vor
dem Angriff durch Massimo Tartaglia. Auf: YouTube/Sky
Tg 24. http://bit.ly/99nTW6. (**nicht mehr verfügbar, d.
Übers.)

6 Aldo Cazzullo, *Bertinotti dal comunismo al gossip: »Mi sento in-
attuale«,* (»Bertinotti vom Kommunismus zum Klatschob-
jekt: ›Ich fühle mich unzeitgemäß‹«), *Corriere della Sera*, 4. Februar 2010.

7 Sergio Chiamparino, *La sfida. Oltre il Po per tornare a vincere
anche al Nord* (»Die Herausforderung. Über den Po, um auch
wieder im Norden zu siegen«), Einaudi Stile Libero, Turin
2010.

8 *Messaggio inviato al Convegno: ›La Dc nel Pdl‹* (»Botschaft für
den Parteitag:«Die DC im PDL«) Saint Vincent, 10. Oktober
2010. In: http://bit.ly/dpYXmK.

9 Gad Lerner, *L'emozione di sentirsi perdente* (»Das Gefühl, verloren zu haben«), *Corriere della Sera*, 6. April 2001.

10 Im Interview mit Maurizio Belpiero in der Sendung *Mattino 5*, 7. September 2009. Auf: YouTube: http://bit.ly/cwhBfm.

Namensregister

Adornato, Ferdinando 82
Albertini, Gabriele 155
Allegri, Massimiliano 32, 144
Allen, Woody 16, 112 f.
Angiolini, Ambra 41
Appelius, Mario 124
Applebaum, Anne 190
Arafat, Yassir 81
Armani, Giorgio 184
Armstrong, Louis 81
Arpino, Giovanni 58

Bacon, Francis 116
Baget Bozzo, Gianni 51
Baldini, Massimo 154
Banfield, Edward 59
Bartali, Gino 184
Battista, Pierluigi 196
Baudo, Pippo 184
Beltrami, Lia 142
Benedikt XVI., Papst 46
Berisha, Sali 29
Berlusconi, Barbara 33, 60
Berlusconi, Marina 60, 103
Berlusconi, Paolo 60, 63, 154
Berlusconi, Piersilvio 60
Berruti, Massimo Maria 154
Bersani, Pier Luigi 73, 75, 177
Berselli, Edmondo 35, 120

Bertinotti, Fausto 168, 185
Berto, Giuseppe 108
Bertolaso, Guido 126
Biaggi, Max 184
Biagi, Enzo 126
Bianchetti, Lorena 84
Bindi, Rosy 142
Blair, Cherie 117
Blair, Tony 26, 74, 91, 117, 164,
      187
Bocchetta, Guido 170
Bocciardo, Mariella 154
Boffo, Don 83 f.
Boncompagni, Gianni 41
Bondi, Sandro 46
Bongiorno, Mike 81, 184
Bonolis, Paolo 121
Borisov, Boyko 136
Borriello, Marco 144
Bossi, Umberto 123, 174 f., 187
Brambilla, Michela
      Vittoria 164
Brancher, Aldo 34
Brender, Nikolaus 77
Brera, Gianni 114
Brunetta, Renato 173
Bruni, Carla 112, 143
Bruschelli, Luigi 180
Bush, George W. 23, 112, 164